Se libérer du stress

Groupe Eyrolles
61, bd Saint-Germain
75240 Paris Cedex 05

www.editions-eyrolles.com

Docteur Philippe Rodet

Se libérer du stress

Un médecin urgentiste raconte

EYROLLES

À Florence et Marielle.

Sommaire

Partie I
Le stress en théorie

Partie II
Dix règles puisées au cœur de mon expérience dans le domaine des urgences médicales

Préface

Le mot « stress » est entré dans notre langue française il y a moins d'un siècle ; mais, depuis lors, il a étrangement progressé ! À l'heure actuelle, on le rencontre à peu près partout ! C'est un mal qui frappe et les individus, et les petits groupes, et les entreprises. Or, il s'agit là d'un mal très particulier dont les causes sont d'ordre psychologique, mais qui atteint notre personne physique et frappe ainsi de façon continue nos attitudes et nos conduites. Il engendre alors une sorte de dépression qui atteint tout notre vouloir. Mais si ce mal qui a des conséquences si lourdes dans le domaine de l'individu et dans nos sociétés part ainsi de réactions psychologiques, il est évident que l'on doit pouvoir aussi y porter remède par des moyens également psychologiques. Il faut pour cela stopper l'action des sentiments qui ont été la cause de cette réaction ; or, ces causes peuvent être nombreuses : un traitement subi que l'on tient pour une offense, un deuil, un sentiment d'inutilité, une rancune tenace ou bien d'autres causes de ce genre… Mais justement, n'est-il pas tentant d'essayer de voir si ces causes ne peuvent pas être enrayées par des impressions ou des actions qui touchent l'esprit et la sensibilité des gens ? Face à un tel détour, on peut amener l'Homme qui est victime du stress à s'en libérer et à retrouver progressivement la douceur de vivre et de s'entendre avec son entourage.

C'est ce que le docteur Philippe Rodet tente depuis quelques années de mettre en pratique pour le bien de tous ; et il est tout indiqué pour ce rôle. Il est médecin, et médecin urgentiste ; c'est à dire qu'il a vu se multiplier autour de lui les cas de désarroi intense et de découragement pouvant aller jusqu'au tragique. Mais en même temps, il a pu essayer, comparer, apprécier les différentes méthodes pour ramener le patient à des conditions meilleures. Par ailleurs, il a marqué depuis toujours un sens très aigu de l'importance des idées de participation et d'engagement capables d'apporter à chaque être, l'aide d'une action solidaire au service d'un but que l'on accepte de se donner à soi-même. Il est ainsi président de l'association L'Élan Nouveau des Citoyens, qui, depuis plusieurs années, s'est illustrée par plusieurs actions en ce sens. Il aime aider, il aime encourager. Et on peut dire qu'un docteur qui s'adonne ainsi à la lutte contre le stress ouvre des perspectives pouvant mener jusqu'au bonheur.

Il nous donne dans ce livre des petits conseils pratiques, des remarques tirées de l'expérience quotidienne, des anecdotes. Chacun pourra faire son profit de tels petits récits ou de telles suggestions et cela pourra jouer aussi bien dans l'existence privée que dans la participation aux entreprises qui connaissent aujourd'hui tant de difficultés et où toute aide est assurément précieuse. Au hasard de sa cueillette, l'un rencontrera la distraction qui lui permettra d'échapper à la lancinante influence du stress. Il rencontrera ainsi la petite espérance qui peut, au hasard du chemin, le faire échapper à l'influence du stress. D'autres y trouveront une meilleure utilisation de leur travail dans l'entreprise certes, il faudra qu'agissent de leurs côtés et le patron et l'employé, désormais unis par un sens plus sérieux de leur action commune – ce qui n'empêche évidemment pas de s'unir en catégories diverses pour défendre leurs intérêts particuliers au sein de l'entente commune. Ce bénéfice est considérable. Il n'implique pas de profondes analyses sur les ressources lointaines de notre évolution psychologique : il se place au niveau de l'action quotidienne, au niveau du sourire partagé, au niveau de l'espérance revenue.

Je sais que, pour moi-même, depuis que je suis en proie aux lourds ennuis du grand âge, j'ai souvent trouvé un étrange réconfort dans les paroles du docteur Rodet. Mais, depuis longtemps, je l'avoue, j'étais proche de ses idées : j'avais été nourrie toute ma vie de la littérature classique et en particulier grecque et habituée aussi aux joies de l'enseignement de ces matières, j'avais tout naturellement pris l'habitude de penser que l'Homme se définit avant tout par le but qu'il se donne et que c'est là tout à la fois la source de sa grandeur et de tous ses bonheurs. Je m'en étais pénétrée : merci au docteur Rodet de venir ainsi, gentiment et généreusement, me le confirmer !

Jacqueline de Romilly, de l'Académie française.

Prologue

C'était un soir humide et froid de janvier 2009 et je dînais avec un ami ; un homme passionné et atypique d'une quarantaine d'années, dirigeant d'une belle entreprise, édifiée par ses parents et qu'il développe avec l'appui de sa famille. Cette entreprise est aujourd'hui prospère et riche des valeurs humaines qu'ils ont, ensemble, su insuffler au cœur de leur activité professionnelle. J'ai rencontré ce dirigeant il y a quelques années, car nous militions pour un principe économique auquel nous croyons. L'amitié a vite scellé nos relations ; une amitié forte au point où elle pouvait être marquée du sceau de la franchise, celle qui permet de dire à l'autre en toute réciprocité : « *Là, je crois que tu te trompes* », sans le froisser, bien au contraire.

Je me souviens de la première fois où il m'a invité à la découverte de son entreprise. Nous visitions le service de production où nous vivions l'étonnante transformation d'énormes rouleaux de carton en magnifiques boîtes de savoureux jus de fruit. Je contemplais le génie mécanique de ces machines capables d'accomplir autant d'effets en un temps record lorsque, croisant l'un de ses collaborateurs, il interrompit ses explications et lui dit : « *Michel, j'ai appris pour votre maman, ça ne va pas… Prenez quelques jours pour être à ses côtés. Elle a besoin de vous.* » Il m'a surpris ce jour-là. Certes, je connaissais sa dimension humaine pour l'avoir si souvent entendu parler de ses conceptions managériales ; mais là, elles prenaient une dimension réelle au travers de cette simple attention. Et surtout, je venais de réaliser qu'il connaissait chacun des six cents salariés de son entreprise par leur prénom et qu'il accordait à chacun ce qu'il est usuel d'appeler de la considération.

Au cours de cette soirée de janvier, nos propos baignaient dans le souvenir de cette visite. Nous confrontions des avis sur les défis que ses collaborateurs et son entreprise auraient à relever. Comme cela nous arrive souvent, nous avions débordé sur des questions économiques et de société.

À ce propos, cet ami glose fréquemment sur mon optimisme obstiné et communicatif. À l'un de ses collaborateurs se prévalant d'être optimiste, il rétorqua un jour : « *Non, toi ou moi, nous sommes optimistes. Mais ça n'a rien à voir, Philippe, il est bien au-delà.* » Il a raison.

Ce soir-là, lors de notre dîner, la crise financière qui commençait à faire très mal et dont on ne connaissait ni le terme, ni l'issue, s'est invitée dans le débat, juste au moment du dessert. C'est l'une des bizarreries de la vie, mais vous remarquerez que c'est souvent à la fin, au moment de partir, que les questions importantes ou les arguments essentiels surgissent. Combien de fois l'ai-je constaté dans mon cabinet médical ? Alors que vous vous étiez préoccupé d'une angine bénigne pendant tout le temps d'une consultation, c'est sur le pas de la porte que le patient se lance. Et cela commence invariablement par : « *Au fait docteur, je voulais vous demander…* » Là, vous pouvez vous rasseoir ; et n'oubliez pas d'écouter. Vous en apprendrez plus que durant tous les mois qui ont précédé ! C'est donc juste au moment où je me débattais avec une meringue rebelle que ce dirigeant atypique me dit : « *Tu sais, on ne parle pas assez de ce qui va bien et cela renforce l'effet de la crise. On devrait parler des choses qui fonctionnent, de ce qui est positif et des bonnes nouvelles.* » Était-ce une mise à l'épreuve de mon optimisme invétéré ? L'idée examinée et analysée sous tous les angles me parut excellente, se prêtant aisément à concrétisation sous la forme d'un blog. « *Si tu es par-*

tant, on pourrait faire un blog des bonnes nouvelles ! On pourrait mobiliser des personnes diverses, issues d'horizons différents, jeunes et moins jeunes, qui enverraient des témoignages. Elles formeraient ainsi une sorte de chaîne de l'optimisme, véritable rempart contre les facéties de la crise et des mauvaises nouvelles imposées ! » Plus qu'un accord de sa part, ce sont ses encouragements qui sont venus ponctuer cette soirée, ouvrant la perspective d'un nouveau projet motivant.

Dès le lendemain, l'idée de ce « blog des bonnes nouvelles » me taraudait et, avec quelques amis de L'Élan Nouveau des Citoyens[1], une association dont je suis à l'origine, qui encourage la participation à la vie de la Cité, nous nous rencontrons pour échanger nos vues. Ils s'enthousiasment à leur tour et sont prêts à relayer l'initiative. L'idée du blog pouvait voir le jour et se matérialiser grâce à Raphaël, un jeune homme d'une vingtaine d'années, mû par un bel esprit militant et salarié de l'association. Le soir même, le blog était en ligne et promu *via* un réseau social dématérialisé connu.

Quelques jours plus tard, je me rendais en train à Angoulême, l'esprit en alerte, réceptif à d'éventuelles bonnes nouvelles. C'est alors qu'un rayon de soleil, encore pâle mais déjà insistant, s'est immiscé en douceur à l'intérieur du wagon, l'a empli de sa lumière et fait prendre conscience de la douce température du lieu. Le contraste avec la rigueur extérieure d'un hiver qui s'attarde était saisissant et agréable.

Au même moment, consultant machinalement ma messagerie électronique, j'ai trouvé le mot d'une ancienne collègue, à qui j'avais signalé l'initiative du blog des bonnes nouvelles. Ksénia est d'origine Bulgare. Il y a longtemps, elle a fui un régime qui lui avait confisqué l'espoir. Elle est arrivée pour exercer la médecine dans l'ouest de la France, où tout le monde l'appelle

---

1. www.elandescitoyens.org

désormais Béba. Son message, arrivé avec le rai de lumière, a stoppé net le vagabondage de mes pensées fugaces. J'ai tout à coup pris conscience que si je n'avais pas été en alerte, ouvert sur le monde à la recherche de bonnes nouvelles, je serais certainement passé à côté de ce moment d'une grande légèreté, équation d'une absolue simplicité : une température exquise, la belle lumière du soleil, la chaleur humaine propre à un sentiment d'amitié.

Je m'obligeais à m'arrêter sur cet instant d'une infinie douceur, suspendu hors du temps. Je le faisais durer pour le savourer à l'excès. Capter l'instant agréable et le prolonger pour en apprécier la palette des saveurs, ce n'est pas renoncer à l'Absolu, mais accepter de vivre intensément ce que la vie offre de beau et de bien. J'étais frappé par le fait que très souvent, des hasards comme celui-ci sont placés sur notre chemin. Les circonstances de ce voyage en train, alliées à la collecte des bonnes nouvelles m'avaient placé dans des dispositions d'esprit propices. Mais, il est aussi très facile de glisser sur de telles occasions, sans même les percevoir. Or, je suis persuadé que ce sont de tels instants, l'assortiment de ces expériences simples et accessibles à tous, qui améliorent considérablement notre qualité de vie. C'est alors qu'au moment précis où, avec mes amis, je souhaitais ouvrir l'ère des bonnes nouvelles, je me posais la question du « pourquoi fondamental ».

Je repensais alors aux temps forts de ma vie, à ceux qui avaient pu instiller cette forme d'acharnement à vivre les événements qui se produisent le mieux possible, cette sorte de positivité psychologique qui aide à trouver la force nécessaire pour faire face aux difficultés. Certes, je suis médecin et donc animé par le souhait d'aider, de soigner et de sauver. Mais, deux expériences particulières et voisines dans leur essence me sont apparues déterminantes : celle de médecin urgentiste, au SAMU ou dans le domaine de l'assistance, et mon expérience de médecine humanitaire en Afrique et dans des pays en guerre.

Dans des circonstances parfois extrêmes, le médecin rencontre souvent l'échec. Il n'arrive pas toujours à temps pour ranimer une personne victime d'un accident violent, n'est parfois pas en mesure d'agir devant l'enfant abandonné par la vie… Ces échecs, ces épreuves et parfois même ces traumatismes qui sont liés à ce métier, ne laissent pas de choix. Ils requièrent de mobiliser des ressources enfouies en chacun de nous et d'actionner un ensemble de petits leviers qui permettent de traverser au mieux les pires moments de stress. Avec le temps et la pratique, ces petits remèdes et ces ressorts sur lesquels je m'appuie dans ces cas-là deviennent complètement intériorisés. Cultivés et peaufinés au fil du temps, ils évoluent vers un mode d'action quasiment naturel. Je les sollicite aujourd'hui de manière pratiquement inconsciente, autant que de besoin. Au fond, je pense que ce sont ces clés qui me permettaient de traverser au mieux les moments de « crises », qui expliquent mon optimisme résolu et spontané d'aujourd'hui. Ce signe distinctif relève moins du caractère que de l'expérience.

Je vis tous les jours avec mes réflexes d'urgentiste qui, face au stress, apprend à se relever et enseigne la vie du bon côté. Le stress est en effet la caractéristique première de notre métier et explique l'élaboration de stratégies pour y résister. Or, j'ose le dire, pour nos sociétés modernes, le stress est devenu aujourd'hui un mal total. Il fait des ravages chez nos enfants, nous frappe durement de façon insidieuse, pénalise la performance de nombre d'entreprises et pèse de manière significative sur l'économie en raison de son coût et du climat de repli sur soi qu'il induit. C'est pourquoi je souhaite porter témoignage de ce que nous pouvons développer pour le circonscrire. Il y a urgence ! Ce petit ouvrage souhaite donner une idée accessible des mécanismes du stress. Sa maîtrise passe en effet par une meilleure connaissance de ses manifestations et de son mode d'action. Elle permet, à tout le moins, de le déceler, de le débusquer et de voir si on en est soi-même victime. On combat d'autant mieux un ennemi qu'on le connaît bien ! Telle est mon intention dans la première partie, extrêmement vulgarisée, de ce livre. Puis, au travers d'histoires vécues en médecine d'urgence, je souhaite livrer quelques clés soigneusement confectionnées pour y faire face, pour aider ses enfants à en faire de même où encore, dans un autre domaine, pour faire en sorte que l'entreprise puisse allier performance économique et santé des salariés.

Après avoir analysé les clés destinées à annihiler la toxicité du stress, les avoir éprouvées dans des entreprises et régulièrement livrées lors de conférences, le désir de les partager plus largement m'a incité à écrire ce livre. Un peu à l'image de la « joie panique » chère à Jean Giono, il nous faut partager les clés du « mieux vivre », sinon nous risquons de les oublier.

Partie I
Le stress en théorie

Chapitre 1

Les définitions du stress

Le but n'est point de se lancer ici dans un traité de médecine appliqué au stress. Quelques notions simples permettent toutefois une meilleure compréhension d'un phénomène dont la complexité est admise de tous. Cette compréhension permet une adaptation précise des comportements à adopter pour dresser soi-même les meilleures parades possibles contre le stress qui, comme nous aurons l'occasion de le voir, affecte cruellement et de façon croissante notre qualité de vie. Commençons, pour cela, par parler le même langage ; le meilleur moyen est bien de s'attacher au sens des mots.

Si le mot stress est depuis quelques années bien connu du grand public, deux de ses définitions peuvent néanmoins être rappelées utilement : l'une plus médicale, nous est livrée par Hans Selye[1] qui, le premier, a décrit les manifestations liées au stress et l'autre, plus adaptée à l'activité professionnelle, émane de l'Agence Européenne pour la Sécurité et la Santé au Travail (OSHA), située à Bilbao.

---

1. Hans Selye (1907-1982) était un chercheur d'origine austro-hongroise, vivant au Canada, reconnu pour avoir, dès 1936, fait les premières descriptions des réactions liées au stress.

> Pour Hans Selye, « *le stress est la réponse non spécifique que donne le corps à toute demande qui lui est faite* ».

Selon lui, le stress est une « réponse », puisque la libération de substances dans notre organisme, se produit suite à une stimulation. Il précise ensuite que cette réponse est « non spécifique », car le stress est le seul phénomène physiologique pour lequel des stimulations d'origines différentes entraînent toujours le même effet : la libération des mêmes substances (neuromédiateurs, hormones). Le terme « toute demande » complète la définition en signifiant que les sources du stress sont variables et d'une grande étendue.

> Pour l'OSHA, « *un état de stress survient lorsqu'il y a déséquilibre entre la perception qu'une personne a des contraintes que lui impose son environnement et la perception qu'elle a de ses propres ressources pour y faire face. Bien que le processus d'évaluation des contraintes et des ressources soit d'ordre psychologique, les effets du stress ne sont pas uniquement de nature psychologique. Il affecte également la santé physique, le bien-être et la productivité de la personne qui y est soumise* ».

Dans cette définition, deux aspects méritent attention. D'une part, il ressort que l'état de stress est généré par la perception d'un déséquilibre entre contraintes et ressources… D'autre part, les conséquences du stress touchent aussi bien la santé des salariés que la productivité de l'entreprise.

Chapitre 2

Les mécanismes du stress

Le stress a de bien curieuses façons, car ses traductions varient considérablement dans le temps, avec l'évolution de nos modes de vie. De salvateur, il devient paralysant. De bénéfique, il devient poison. Mais la compréhension de cette évolution est centrale, car elle permet d'appréhender les leviers à actionner pour contrer efficacement les effets non souhaitables.

L'Homme, confronté à l'hostilité des temps primitifs et menacé par un danger, tirait un bénéfice vital du stress. En effet, dans de telles circonstances menaçantes et parfois extrêmes, un ensemble de réactions physiologiques augmentaient les performances physiques et intellectuelles. Schématiquement, les bronches se dilataient, enrichissant le sang en oxygène. Le cœur qui se contractait avec plus de force et plus rapidement, gagnait en efficacité, améliorant ainsi le débit sanguin. Il permettait alors à un sang plus oxygéné de mieux irriguer les organes essentiels et notamment le cerveau, plus performant à son tour. Parallèlement, le taux de sucre dans le sang augmentait, permettant à l'organisme de disposer des réserves d'énergie nécessaires. Les vaisseaux de la périphérie de notre organisme étaient plus resserrés et l'adhésivité des plaquettes modifiée, si bien qu'en cas de blessure, le risque d'hémorragie était moindre. Enfin, des endorphines étaient libérées afin de diminuer le niveau de douleurs liées à d'éventuelles blessures… Le stress était alors un réel partenaire, auxiliaire de survie. Il était peu toxique, car relativement rare et associé le plus souvent à une importante activité physique, à l'origine de dépenses d'énergie qui venaient « consommer » les substances ainsi libérées.

Aujourd'hui, la toxicité du stress est induite par nos modes de vie dont les changements extrêmement rapides, parfois brutaux n'ont pas laissé le temps nécessaire à notre organisme pour s'adapter. Plusieurs facteurs peuvent être mis en lumière.

Tout d'abord, le nombre de sources a considérablement crû… Dans un article paru sur le site canadien www.voir.ca[1], Marie-Claude Lamarche, psychologue canadienne spécialisée en santé psychologique au travail, explique que l'être humain est programmé pour résister à cinq à sept sources de stress par semaine, alors qu'il en subit en moyenne… cinquante par jour !

Un jour, alors que je relatais ces chiffres impressionnants à un dirigeant d'entreprise, il les trouva exagérés et décida, pour me le prouver, de compter les sources de stress qu'il subissait lui-même. En une journée, il en dénombrait quatre-vingts. C'est effrayé qu'il me demanda alors : « *Mais, que dois-je faire ?* » En urgence, je lui ai suggéré d'arrêter ce genre de comptabilité, histoire de passer de quatre-vingts à… soixante-dix-neuf !

Nos modes de vie trop souvent sédentarisés à l'excès expliquent également les évolutions défavorables de l'effet du stress. À la différence de notre Homme primitif, le manque d'activité physique suffisante ne permet pas, comme cela serait pourtant nécessaire, de « consommer » les substances libérées et accumulées sous l'effet du stress, tout au long de la journée. Leurs effets, bénéfiques « dans l'urgence », deviennent toxiques dès lors qu'ils interviennent en grande quantité et de façon récurrente. Pour diminuer la toxicité du stress, la pratique d'une activité physique

---

1. www.voir.ca/publishing/article.aspx?article=37566&s

modérée comme la marche ou le cyclisme se révèle bénéfique. À titre d'exemple, au Canada, pour encourager l'activité physique, dans certaines entreprises les escaliers ont été aménagés, les rendant plus agréables, pour éviter le recours systématique à l'ascenseur.

Par ailleurs, dans le domaine professionnel, les exigences d'une performance accrue ont d'autant plus contribué à renforcer la toxicité actuelle du stress qu'elles n'ont pas fait l'objet de réflexions managériales, pourtant indispensables. Dans les années 1970, la concurrence s'exprimait avant tout localement et l'exigence de rentabilité était plus modérée. La productivité demandée à chacun était donc plus surmontable. À l'image d'un jeune collégien qui franchit quatre-vingt-dix centimètres au saut en hauteur à son entrée en sixième et à qui on demande de sauter un mètre en fin de sixième, la progression paraît réalisable. Il sait qu'il pourra réussir sans peine et n'en subit aucun stress. Dans les années 1990, la concurrence est devenue mondiale et les contraintes liées à la recherche d'une meilleure performance sont alors apparues à un niveau beaucoup plus important. Le niveau d'exigence a alors brutalement augmenté, sans laisser le temps de se soucier des conséquences managériales et des évolutions à prévoir en la matière. Ce décalage a été pourvoyeur de stress. Pour en revenir à la comparaison avec notre collégien, cela reviendrait à lui expliquer que s'il saute quatre-vingt-dix centimètres à son entrée en sixième, neuf mois plus tard, il devra franchir un mètre vingt sous peine d'être… « viré ». Son professeur, qui s'occupe de plusieurs collèges, ne dispose pas du temps nécessaire pour le « manager » et l'entraîner efficacement. Il est donc en grande partie livré à lui-même, la plupart du temps seul face à ses difficultés et à ses craintes. Il est un fait que l'on peut demander énormément à un salarié, quel que soit son niveau, sans faire de dégâts liés au stress, à condition d'augmenter de manière corrélative l'investissement managérial. Pourrait-on imaginer qu'un sportif de haut niveau résiste à une charge de travail et à une pression d'enjeu exceptionnelles sans son entraîneur ? Pour un salarié, sans atteindre le niveau d'exigence requis pour un sportif de haut niveau, plus l'objectif est ambitieux, plus le manager devra être performant et jouer le rôle de l'entraîneur.

Un autre facteur actuel, extrêmement prégnant, amplifie la toxicité du stress. Il est lié à l'accélération de notre mode de vie, accru notamment par le recours aux nouvelles technologies. Chacun d'entre nous le mesure, les téléphones mobiles nous rendent joignables partout, vingt-quatre heures sur vingt-quatre. On gère un nombre de plus en plus grand de messages électroniques, souvent envoyés sans précaution particulière, dans des délais très brefs. Les expéditeurs ont tendance à placer tous les messages au même niveau, sans introduire de distinction quant à leur nature. Un ami en a fait une expérience troublante. Il m'expliquait avoir reçu un courriel dont l'objet était constitué du prénom et du nom d'un de ses amis. Il imagine alors l'annonce d'une promotion, voire d'une naissance… Il s'agissait en fait de l'annonce, sans ménagement, du décès de cet ami. Lors de l'annonce d'une disparition, expérience douloureuse s'il en est, les convenances imposaient auparavant l'usage d'enveloppes à liseré foncé. De la sorte, elles laissaient le temps au destinataire de se préparer à une mauvaise nouvelle. Au travers de cet exemple, le propos n'est bien sûr pas de regretter l'usage de moyens de communication modernes, présentant par ailleurs de très nombreux avantages, mais de remarquer que certains changements, qui se sont multipliés ces dernières années, parfois encore imparfaitement « réglés » du point de vue des conventions sociales, peuvent présenter un caractère plus agressif qu'autrefois.

Enfin, le manque de sens donné à nos vies me paraît constituer un phénomène plus marqué aujourd'hui et contribue intensément à alourdir l'impact du stress. Le bon sens commun souligne nos préoccupations de plus en plus individualistes et matérialistes. Mais, même si elles éprouvent des difficultés à s'exprimer pleinement, la quête du sens et la prédominance de la Raison, sur lesquelles repose l'édification de toute notre civilisation, sont toujours présentes et placent les individus dans une sorte de tension difficilement soutenable. L'accélération de nos rythmes de vie nous laisse-t-elle le temps de la réflexion ? Cette dernière occupe-t-elle une place suffisante dans une organisation sociale dont le moteur est progressivement devenu essentiellement économique ? Or, les fondements de notre société reposent sur cette idée platonicienne qu'« *une vie à laquelle l'examen fait défaut ne mérite pas qu'on la vive* »[1]. De manière plus ou moins consciente, nous vivons avec ce décalage. Or, nous le verrons, le sentiment d'aller dans une direction utile et de tenir un rôle essentiel recèlent un important pouvoir protecteur contre le stress.

Au total, l'addition de ces différents paramètres a progressivement contribué à la transformation du stress, réaction initiale bénéfique, en véritable problème générant un ensemble de dérèglements. L'amélioration de la performance liée au stress des temps anciens laisse place à la maladie des individus et à une moindre performance des organisations, au premier rang desquelles figurent les entreprises.

---

1. Cité dans *Mercure et Minerve - Perspectives philosophiques sur l'entreprise*, Pesqueux, Y., Ramanantsoa, B., Saudan, A., Tournand, J.-C., Éllipses, 2000 (page 18).

Chapitre 3

Les causes du stress

Prosaïquement et pour des raisons de clarté, les sources de stress peuvent être regroupées en trois grandes catégories : chimiques, physiques et psychiques.

LES CAUSES D'ORIGINE CHIMIQUE...

Les sources chimiques sont de très loin les plus rares. Elles sont citées avant tout pour mémoire, car elles ont joué un rôle déclencheur en étant à l'origine de la découverte des réactions du stress par Hans Selye. Comme nous l'avons vu plus haut, ce chercheur s'est aperçu que s'il injectait des substances toxiques de différentes natures à des rats, les lésions occasionnées demeuraient identiques, quels que soient les produits injectés. À chaque fois apparaissent des lésions articulaires, vasculaires et du tissu lymphoïde, un tissu impliqué notamment dans les défenses naturelles et les réactions allergiques.

LES CAUSES D'ORIGINE PHYSIQUE...

Les sources physiques sont plus fréquentes et plus faciles à imaginer par chacun d'entre nous. Parmi celles-ci, le bruit occupe une place de choix. Il s'agit d'une source de stress particulière, car le stress potentialise la sensibilité au bruit qui, à son tour, renforce le stress. Ce phénomène de cercle vicieux explique que devant une source de bruit intense et agressive, un individu sensible au bruit puisse avoir un geste particulièrement agressif vis-à-vis de la personne à l'origine des nuisances sonores.

La vitesse est une autre source physique bien connue. Des capteurs de fréquence cardiaque placés sur le thorax d'un automobiliste montreront que plus celui-ci roule vite, plus sa fréquence cardiaque s'accélère, signe d'une réaction de stress.

Les variations rapides de températures figurent également dans cette même catégorie. Nous avons tous remarqué que les changements de température brutaux, qu'ils soient liés à l'exercice d'une profession exposant au froid ou au chaud, ou qu'ils soient provoqués par l'habituel coup de froid hivernal favorisent la survenue d'épisodes infectieux. Le mode d'action est aisément compréhensible. Le froid provoque une réaction de stress, qui, en diminuant l'efficacité de nos défenses naturelles vis-à-vis de certains virus ou de certaines bactéries, favorise la survenue d'infections. À l'occasion de la récente épidémie de grippe H1N1, le professeur José Ivan Sanchez, chercheur en virologie à l'Université Nationale Autonome du Mexique (UNAM)[1], citait le stress parmi les facteurs expliquant le risque de propagation de la maladie.

Les variations de pression, du taux d'oxygène de l'air, de l'hygrométrie, sont aussi des causes figurant au rang des sources physiques du stress. Il convient de remarquer que l'un des lieux de

---

1. *Romandie News*, 2 mai 2009.

prédilection de réunion de ces trois sources d'origine physique est constitué par les cabines d'avion. La pression y est plus basse, puisque malgré la pressurisation, l'altitude résiduelle dans la cabine est d'environ deux mille mètres ; le taux d'oxygène de l'air est également inférieur à celui auquel nous sommes habitués au sol ; l'hygrométrie est elle aussi plus faible.

LES CAUSES D'ORIGINE PSYCHIQUE...

Les sources de stress d'origine psychique sont généralement conscientes, mais peuvent être inconscientes… Pour attester la réalité de ces dernières, et à titre d'illustration, il est évocateur de voir que des « ulcères de stress » peuvent survenir lors d'interventions chirurgicales alors que le patient est… anesthésié !

Les sources de stress induites par notre psychisme sont les plus fréquentes.

La perception d'un danger imminent

Parmi les sources de stress, signalons bien sûr prioritairement la perception d'un danger imminent. À ce propos, il importe de noter que lorsque l'on est en voiture, la survenue du danger constitue aujourd'hui l'un des rares cas où le stress conserve encore un aspect positif, un peu à l'image de notre homme primitif confronté à la menace de l'attaque inéluctable d'une bête féroce. La sensation d'un danger imminent optimise le fonctionnement de notre organisme pendant quelques secondes, contribuant ainsi à augmenter nos chances de survie.

Les tensions au sein de la cellule familiale

Elles constituent aussi fréquemment une importante source de stress d'origine psychique. Les occasions de dissension entre parents ne manquent pas, sans parler des difficultés parents/enfants dans lesquelles les déconvenues scolaires de la progéniture occupent souvent une place de choix.

Un jour, en marge d'une conférence donnée devant des dirigeants de PME, l'un d'eux m'a confié spontanément : « *Ma principale cause de stress, ce sont mes enfants.* » Il est vrai qu'ils lui menaient la vie dure ! Si les rapports familiaux induisent du stress, il convient également de remarquer que le stress, quel que soit le fait générateur, altère souvent les relations entre les membres de cette même famille et perturbe assez automatiquement la réussite scolaire d'un enfant… Un ami, responsable des questions de santé dans un grand groupe industriel français, résume ces interactions par une belle formule : « *On va au travail avec, dans son sac, les pierres accumulées dans sa famille et on rentre chez soi, avec dans sa besace les charges amoncelées au travail.* »

Les problèmes de santé

Les soucis de santé personnels ou d'un proche sont aussi des sources de stress majeures. Il est important d'y penser lorsqu'un salarié va brutalement moins bien ou lorsque les résultats scolaires d'un enfant s'effondrent.

Qu'il s'agisse de l'impression de se sentir en danger physiquement ou d'avoir des craintes par rapport à son avenir professionnel, l'insécurité est source de stress. Ce second aspect, très vif en cette période de crise économique, explique en partie l'augmentation du niveau de stress dans les temps difficiles. Dès le 9 octobre 2008, Margaret Chan, directrice générale de l'Organisation Mondiale de la Santé (OMS) était très claire : « *Nous ne devrions pas sous-estimer les turbulences et les conséquences probables de la crise financière. Il ne faudra pas être surpris de voir plus de personnes stressées, plus de suicides et plus de désordres mentaux. »*[1] Parallèlement, l'American Psychological Association a rendu publique une enquête annuelle démontrant l'importance de l'impact de la crise financière sur le niveau de stress…[2]

Les changements de situation

De même, les changements de situation, à l'instar d'un adulte qui change de travail ou lorsqu'un enfant accède à la classe supérieure ou change d'établissement scolaire, sont d'importantes sources de stress. À l'échelle de l'entreprise, il suffit de remarquer l'inquiétude générée par la mise en place d'un nouveau service informatique pour appréhender l'ampleur du stress inhérent au changement. Il convient donc d'être d'une particulière vigilance dans les périodes de réforme ou de mutation, car ce qui peut apparaître mineur pour un cadre peut être vécu comme majeur par un collaborateur qui ne bénéficie pas toujours du niveau d'information lui permettant de comprendre les raisons du changement et surtout la direction dans laquelle s'engage son service ou son entreprise.

Sur le plan humain, les effets peuvent être terriblement dévastateurs. Je me souviens de cette femme de 35 ans qui avait vu arriver, il y a quelques années de cela, un ordinateur sur son lieu de travail. Alors qu'en temps normal, tout se passait à merveille pour cette employée, confrontée à la nouveauté, elle s'est mise à commettre des erreurs qui pouvaient paraître volontaires tant

---

1. Propos tenus lors d'une rencontre avec des spécialistes des troubles mentaux à la veille de la Journée mondiale de la santé mentale 2008.
2. Psychomedia, 8 octobre 2008 : www.psychomedia.qc.ca/pn/modules.php?name=News&file=article&sid=6307.

elles étaient flagrantes. Finalement, se retrouvant en difficulté professionnelle, son état de santé s'est progressivement altéré. Elle a consulté son médecin qui l'a arrêtée pour syndrome dépressif. De médecin de famille en psychiatre, cette jeune femme n'a jamais pu reprendre une activité professionnelle…

L'environnement de travail

Avec l'épineuse question des trajets et pour les parents et la garde des enfants en bas âge, l'environnement de travail ne crée pas toujours une ambiance propice à la décontraction et à un investissement professionnel bien vécu et efficace. Dans les grandes villes en particulier, le trajet entre le domicile et le lieu de travail peut présenter de nombreuses difficultés, constituant autant de sources de stress. D'embouteillages en aléas liés au fonctionnement des transports en commun, le risque d'arriver en retard à un rendez-vous important ou à la sortie de l'école pour récupérer son enfant n'est pas purement imaginaire et surtout se présente avec une régularité usante…

Tous les couples qui ont de jeunes enfants vivent des contraintes qui requièrent de savants calculs horaires et surtout les placent, tout au long de la journée, dans la nécessité souvent inconsciente de traiter rondement les affaires et d'expédier les dossiers. Ils s'appliquent ainsi à eux-mêmes une contrainte se surajoutant à celles déjà parfois lourdes de l'activité professionnelle. Il faut avoir une horloge bien réglée pour arriver à temps à la crèche, à l'école, à son travail et libérer la baby-sitter. Ne parlons même pas des réunions tardives qui viennent tout désorganiser. Et le même exercice se répète tous les matins, tous les soirs, pendant des années.

Le sentiment de manquer de temps est terriblement stressant. Il l'est d'autant plus qu'il est récurrent et constitue aujourd'hui un trait caractéristique de nos modes de vie urbains. C'est la raison pour laquelle les efforts des entreprises et en particulier la création de crèches d'entreprise qui visent à faciliter la vie des salariés vont dans le bon sens. Ces expériences, initiées au Canada, se développent désormais en France et sont à encourager, car elles diminuent considérablement le niveau de stress des parents. Sans lire dans le mystérieux scintillement des astres, on peut faire le pari que des solutions innovantes vont se faire inéluctablement jour pour améliorer les conditions de vie et corrélativement les conditions de travail des salariés. Pour un nombre important de métiers et de fonctions, la question de la relation au temps est un enjeu d'amélioration des conditions de travail et force est de constater qu'on en est à peu près à l'an zéro de l'organisation et du fonctionnement des entreprises sur le sujet.

Il est vrai que le travail, exercé dans certains contextes, offre également bien d'autres raisons d'être soumis à des tensions parfois profondes. S'effectuant au sein d'une organisation intelligente, le travail est un facteur d'épanouissement, permet à l'Homme de se dépasser et de se réaliser. Vécu de la sorte, le travail est motivant. Il est porteur de sens et assurément excellent pour la santé. Ce sont les conditions d'exercice parfois extrêmes ou les mauvais réglages qui, dans certains cas, génèrent du stress.

Les métiers à risque

Les professions comportant des risques importants telles que celles exercées par les militaires, policiers, gendarmes, sapeurs-pompiers et autres secouristes confrontent l'individu à des situations tendues et difficiles qui induisent par nature un état de stress.

Mais au-delà, un certain nombre d'activités auxquelles nous ne pensons pas spontanément produisent des effets proches de ces activités à risque. Elles sont à l'origine d'enjeux majeurs ou s'exercent dans des contextes complexes. Un nombre important de professions se trouve dans ce cas. On pense bien sûr spontanément aux magistrats, placés quotidiennement devant la délicate appréciation de la culpabilité et la nécessité de traiter un nombre de dossiers suffisants pour faire face à l'engorgement des tribunaux. Un médecin va quant à lui souvent hésiter quant au diagnostic à poser sur la base d'une radio ou d'une biologie peu évocatrice et non conforme à l'hypothèse clinique pressentie. Dans les deux cas, il ne faut pas se tromper, car les conséquences humaines sont directes et sans appel. Pour sa part, un enseignant est dépositaire de l'immense responsabilité de faire cheminer nos enfants vers l'acquisition des savoirs et, au-delà, du raisonnement et de l'esprit critique. Or, il est actuellement exposé à des situations parfois rudes qui viennent dénaturer sa mission première et le placent dans des états de tension souvent trop forts. Tous les jours, il prend conscience d'une situation qui le confronte à ses choix personnels et à sa vocation.

Les responsables politiques, parce que les enjeux sont souvent redoutables, sont contraints à prendre la bonne décision. Notre Histoire est suffisamment riche d'inconséquences célèbres, mais aussi de la grandeur de certaines décisions pour en attester. Cela est particulièrement vrai et évident au plus haut niveau de l'action de l'État. Mais les contraintes s'expriment déjà et souvent avec moins de distance, à une échelle plus locale. Intervenant récemment sur le sujet du stress pour le compte de collectivités locales, le maire d'une petite commune me faisait partager son expérience et prendre conscience, au travers d'exemples concrets et quotidiens, ayant trait à la voirie, à l'intervention sur des constructions menaçantes, à la gestion du cimetière, etc., de la complexité des affaires locales. La proximité, l'impact humain de chaque sujet et parfois le constat de l'impossibilité d'agir, créent quelquefois de lourdes charges qu'il faut pouvoir absorber et assumer.

Les aléas

En plus des questions d'enjeu, la notion d'aléa, qui caractérise certaines professions dépendantes des éléments naturels, place ceux qui les exercent dans des contraintes propices à l'expression d'un stress excessif. Un agriculteur pourra voir les efforts de plusieurs années anéantis par un orage de grêle. Tous les jours, il y pense et intériorise le pire. Un pêcheur professionnel possède en la mer sa plus fidèle alliée, qui sait devenir redoutable sous l'effet des éléments déchaînés qui, soudain, proscrivent toute sortie en mer. Les moniteurs de ski ou encore les guides de haute montagne se trouvent dans un cas analogue où l'aléa climatique s'ajoute aux risques d'exercice de ces professions. Les saisons sans neige ou une météo amplifiant les risques d'avalanches sont particulièrement redoutées.

Les carences de management ou de communication

Dans le domaine professionnel toujours, il est patent que de nombreuses sources de stress proviennent directement de carences en matière de management ou de communication. Combien de salariés manquent de considération, d'objectifs clairs, de liberté d'action, d'une bonne visibilité de l'utilité de leur action, d'encouragements sincères au bon moment… Tous ces manques sont à l'origine de nombreuses situations de mal-être.

Les salariés ont tous en tête, pour l'avoir vécu directement ou par collègue interposé, des exemples concrets de carences managériales. L'un d'eux m'expliquait qu'à son retour dans l'entreprise après s'être arrêté pour cause d'accident de travail, il avait croisé son chef de service qui, ne se souvenant pas de son absence, avait spontanément déclaré : « *Ah, vous étiez absent la semaine dernière…* » Plusieurs semaines après l'événement, ce salarié me disait : « *Vous vous rendez compte, cela revient à dire que quand je suis là, on ne s'en rend pas compte et que de toute manière, mon absence n'a pas de conséquence sur le résultat. En une phrase, je ne sers à rien.* » Or, pour en avoir ensuite discuté avec ce chef de service, il ressort qu'au moment où il avait croisé son collaborateur, il était préoccupé par une relation tendue avec un fournisseur. Absorbé par ses préoccupations et devant le collaborateur qui lui faisait part de son retour, sa première pensée avait été de constater que le service n'avait pas été désorganisé et qu'il avait été bien géré par son adjoint durant son arrêt de travail.

De telles maladresses se retrouvent très souvent à l'origine de malentendus ou de véritables détresses qui, si elles demeurent non gérées, peuvent être à l'origine de bien des dysfonctionnements. Aucune phrase prononcée par le responsable devant l'un de ses collaborateurs n'est anodine. Il convient d'y prêter un soin particulier, car outre la dimension humaine qui s'en trouve affectée, des propos volontairement vexatoires ou mal interprétés s'avèrent généralement très coûteux en termes de performance et de santé.

Lorsque l'on demande à un salarié à quand remontent les derniers encouragements reçus, on est surpris par le délai et les remarques associées. Une employée me disait, sur le ton de la confidence : « *Ah moi, c'est simple, cela remonte à… deux ans et demi !* » Une autre m'a précisé avoir expliqué à son supérieur hiérarchique qu'elle ne pouvait donner le meilleur d'elle-même que si elle était régulièrement encouragée. Certainement surpris par cette demande, le chef de service a tenté une pointe d'humour… « *Je ne vous encourage pas, sinon, vous allez encore me demander une augmentation de salaire !* » Après quelque temps, constatant que sa requête était restée sans effet, cette salariée en a déduit que l'humour de son responsable n'était en fait que de l'indifférence, voire de l'incapacité à gérer des collaborateurs. En résumé, une incapacité à remplir ses fonctions.

À propos d'exercice des compétences, il convient de remarquer que le fait pour un salarié d'occuper un poste non adapté à son profil psychologique peut suffire à générer du stress. Une étude canadienne a montré qu'un salarié introverti en position d'adjoint subissait peu de stress, alors que le même profil en position de dirigeant était victime, quoi qu'il fasse, d'un important niveau de stress. Inversement, un salarié extraverti sera stressé s'il occupe un poste d'adjoint, mais s'épanouira dans des fonctions de dirigeant. Il ne faut bien sûr pas en déduire qu'une personne introvertie n'est pas apte à diriger. Elle dispose d'autres atouts extrêmement utiles à cet exercice, mais dans ce cas et pour donner le meilleur d'elle-même, elle gagnera à mettre en place un accompagnement qui la placera en position de réussite et dans sa posture de leader reconnu. De la même manière, un salarié extraverti en position d'adjoint se portera d'autant mieux qu'il aura un pouvoir de décision dans certains domaines.

Le départ à la retraite

Le monde professionnel, parce qu'il recèle de nombreuses contraintes et impose de travailler en collaboration avec un grand nombre de personnes, le plus souvent non choisies, offre un large échantillon de causes de stress dont l'essence est psychique. Il s'agit quasiment d'un puits sans fin, comme la diversité et la complexité des relations humaines. Dans cette mine, il existe pourtant un sujet qui fait débat et qu'il me tient à cœur d'aborder ici : le départ à la retraite !

Ce sujet est souvent, dans notre pays, exclusivement abordé sous l'angle des acquis sociaux, car historiquement, la question de la retraite s'est posée sous cet aspect. Véritable progrès s'il en est, il convient néanmoins d'observer que le départ à la retraite correspond à une source de stress abyssale. Dans l'échelle de classification de l'intensité du stress, elle figure au même rang qu'une séparation dans un couple… Le terme même de « retraite » est profondément anxiogène. Il fait référence au retrait, à la fin et lorsqu'on lui accole le terme « départ », la symbolique est complète.

Partant de là, il n'est pas étonnant d'observer que nombre de problèmes de santé, dont le médecin est le témoin, surgissent à cette occasion. Ces maux apparaissent de façon d'autant plus aiguë que la retraite n'a pas été préparée en amont. Un ami ayant arrêté ses activités il y a peu m'informait du récent déséquilibre de son diabète. Un autre ami souffre depuis de lombalgies sévères… Un ancien confrère m'a donné des nouvelles de son infarctus… Comme toute étape cruciale de la vie, la retraite doit être abordée après mûre réflexion et, à chaque fois que possible doit être présentée comme synonyme de nouvelles perspectives. Ce sont des conditions essentielles pour en faire un temps riche de nouvelles promesses.

Le comportement humain

Enfin, toujours dans les causes de stress d'origine psychique, il faut faire référence à celles inhérentes au comportement humain : l'absence de reconnaissance et de valorisation, la peur de la maladie, du vieillissement, de la dépendance, de la mort… Tous ces ressentis peuvent être développés à l'envie. Je m'arrêterai sur les incidences malheureuses du défaut de reconnaissance, car il peut souvent être excessivement relativisé par l'adulte alors qu'il est susceptible d'emporter une réelle souffrance chez les jeunes. Le stress d'un enfant qui ne peut porter les mêmes marques de vêtements que ses camarades est très important, car il le marginalise, à un moment clé de socialisation, où le besoin d'identification et d'appartenance à un groupe est fortement ressenti. De la même manière, un collégien qui n'obtient pas de bons résultats scolaires et qui sent que le professeur le considère déjà en situation d'échec est tout aussi destructeur. Il constitue autant une condamnation qu'une négation.

Pour en revenir à un plan plus inconscient, il faut signaler que les craintes face au terrorisme, aux conflits armés qui verront partir ceux qui nous sont chers, à certaines épidémies, etc., activent de nombreuses réactions pour la personne qui, par exemple, regarde un journal télévisé. Le traitement de l'actualité essentiellement orienté vers ce qui va mal et dysfonctionne active en effet nombre de nos craintes enfouies. Le nombre de sources de stress perçues par notre psychisme est alors impressionnant. Une dame âgée m'a expliqué qu'elle ne pouvait plus regarder la télévision à cause d'images et de messages effroyables diffusés à des heures de grande écoute et en raison de publicités lui rappelant son âge et les conséquences directes de son état. *« Lorsque l'on me parle de crème antirides, je soupire profondément à l'évocation de ma jeunesse perdue. Mais, lorsqu'entre la poire et le fromage, sans transition, se présente le contrat obsèques, je déprime carrément… »*

Chapitre 4

Les conséquences du stress

L'analyse des conséquences du stress fait prendre conscience de l'impérieuse nécessité de le prendre en considération et de chercher à annihiler sa toxicité. En effet, le stress altère la santé, la réussite aussi bien scolaire que sportive, la performance des entreprises et de la vitalité de l'économie.

LES CONSÉQUENCES DU STRESS SUR LA SANTÉ...

En termes de santé, le stress chronique favorise l'apparition de certaines maladies et aggrave l'évolution d'autres. La liste des pathologies liées au stress s'allonge considérablement au fur et à mesure de la propagation de ce phénomène et des nouveaux travaux de recherche, de plus en plus nombreux, consacrés au lien pouvant exister entre maladie et stress.

Il ne s'agit pas dans cet ouvrage de dresser la liste et, encore moins, de faire le descriptif exhaustif de toutes les pathologies liées au stress, mais de mettre en évidence, pour certaines d'entre elles, son mode d'action spécifique. La compréhension de ce phénomène importe en effet au plus haut point, car en agissant sur les causes, on peut envisager des voies d'amélioration pour reconquérir des espaces de bien-être.

Les conséquences cardiovasculaires

Au plan cardiovasculaire, un domaine dans lequel les maladies sont fréquentes et entraînent une mortalité importante dans notre pays, il est intéressant de se pencher sur la manière dont le stress entraîne des altérations.

Examinons par exemple le lien entre le stress et l'hypertension artérielle que ce dernier peut favoriser en s'attachant schématiquement à son mode d'action. En cas de réaction de stress, l'organisme libère deux types de substances : des neuromédiateurs (adrénaline et noradrénaline entre autres) et des hormones (cortisol et aldostérone notamment). L'adrénaline améliore la force de contraction de notre cœur et, de ce fait, augmente notre pression artérielle. Parallèlement, elle resserre les vaisseaux, réduisant ainsi la taille du contenant dans lequel le volume de sang circule, et contribue par là même à augmenter encore la pression artérielle. La noradrénaline va essentiellement faire porter son action sur le diamètre des vaisseaux, renforçant l'effet de l'adrénaline. Le même volume de sang doit cheminer dans un récipient encore plus réduit. Il en résulte que la pression artérielle est encore plus élevée. Le cortisol – qui est en quelque sorte notre cortisone naturelle – va quant à lui, retenir dans notre sang du sel et de l'eau. Le contenant déjà plus petit, va donc, en plus, devoir contenir un plus grand volume.

L'aldostérone produit un effet similaire, sur ce point, à celui du cortisol. Un jour, alors que j'étais de garde au SAMU, je me suis trouvé face à une femme d'une quarantaine d'années victime d'un stress majeur et atteignant une « tension artérielle » record de 28/16 centimètres de mercure. Après l'échec des thérapeutiques anti-hypertensives classiques, la description très résumée qui précède permet de parfaitement comprendre pourquoi la pression artérielle de cette femme est revenue à la normale en recourant à des médicaments destinés à… diminuer le niveau de stress ! Certes, des pressions artérielles atteignant de tels chiffres sont exceptionnelles, mais des valeurs comprises entre 13/9 et 16/11 ne sont pas rares. Le fait que le second chiffre soit élevé doit appeler l'attention, car il est relativement évocateur d'une hypertension liée au stress. Or, ses conséquences peuvent être d'une particulière gravité en agissant de la sorte. En cas d'hypertension artérielle, le flux sanguin est perturbé au niveau des bifurcations des artères et vient heurter la paroi des vaisseaux. Or, en cas de stress, nous avons vu que le sang contenait souvent un peu plus de sucre, lequel est toxique pour la paroi des vaisseaux. Les vaisseaux ainsi heurtés par le flux sanguin alors qu'ils ont des parois plus fragiles vont favoriser le dépôt de plaquettes. Ce phénomène est en plus amplifié par le fait que le stress modifie l'adhésivité des plaquettes et favorise leur agrégation. Concrètement, une hypertension qui survient en raison d'un important niveau de stress pourra favoriser la survenue d'un infarctus du myocarde, d'une angine de poitrine, ou encore d'un accident vasculaire cérébral…

Les conséquences vasculaires

À côté des conséquences cardio-vasculaires, il est intéressant de s'arrêter sur les conséquences vasculaires et notamment les phénomènes « vaso-moteurs ». Nous avons vu que le stress entraînait un resserrement des vaisseaux. Lorsque le stress diminue ou disparaît, les vaisseaux se dilatent. Si les accès de stress sont fréquents, nos vaisseaux vont subir une alternance de resserrements et de dilatations, parlant alors de phénomènes vaso-moteurs. Ceux-ci s'expriment plus particulièrement au niveau des zones très richement vascularisées de l'organisme.

C'est ainsi que le stress est considéré comme l'un des éléments déclencheurs des rhinites vaso-motrices qui se traduisent par une sensation d'obstruction nasale temporaire. Le même phénomène peut être à l'origine de toux dites « psychogènes ». Il s'agit ici de toux assez symptomatiques, sèches, violentes et isolées, c'est-à-dire laissant tous les examens complémentaires destinés à déceler l'origine de la toux dans les limites de la normale…

Au-delà des rhinites et des toux, ces phénomènes vaso-moteurs peuvent être étendus à tout l'organisme, si bien que la personne qui en souffre éprouve une très vive sensation de froid avant de souffrir d'un excès de chaleur. Une autre de leurs caractéristiques réside dans leur aptitude à être déclenchés aussi bien par une augmentation du niveau de stress que par une diminution. Une amie souffrait de vives céphalées le week-end alors qu'elle était détendue et ne ressentait plus les maux de tête dès le lundi matin, alors que le stress augmentait…

Les conséquences immunologiques

■ Allergies et réduction des défenses naturelles

Sur le plan immunologique, le stress produit aussi des effets très fâcheux. Il intervient en effet au niveau des deux grandes voies immunologiques de notre organisme, augmentant par le biais de l'une d'entre elles le risque d'allergies et diminuant, par le truchement de l'autre, nos défenses naturelles.

En cas de stress, le risque de faire une crise d'asthme ou une réaction à type d'urticaire est plus important. De récentes études[1] ont montré qu'une future maman soumise à un niveau de stress

---

1. Dr Rosalind Wright, École de Médecine d'Harvard à Boston. Recherches présentées lors d'une réunion de la Société Thoracique Américaine à Toronto.

important durant sa grossesse aura un enfant dont la probabilité de développer des allergies sera plus grande. Il a en effet été noté un taux plus élevé d'immunoglobulines E dans le sang du cordon ombilical d'un nouveau-né dont la mère a été victime de stress. Or, ces immunoglobulines sont responsables des réactions allergiques.

Le stress affecte également nos défenses naturelles. Il favorise le développement de certaines infections bactériennes – surtout celles à germes de type « cocci gram positif » comme les streptocoques ou les staphylocoques. C'est ce qui explique qu'un adolescent aura plus facilement une poussée d'acné en période d'examen, moment où il est plus exposé au stress. Le stress est aussi un élément déclenchant de certaines infections virales. Qui n'a pas observé que dans les moments difficiles, les « boutons de fièvre », fruits d'une infection au virus de l'herpès, apparaissaient plus facilement ? Le stress peut aussi être à l'origine d'un zona, maladie qui correspond au passage en mode actif du virus de la varicelle, vivant à l'état latent dans l'organisme depuis que l'on a contracté la maladie.

■ Cancer

L'influence du stress sur nos défenses naturelles se manifeste également dans d'autres maladies comme le cancer. Dans ce domaine, de nombreux travaux sont menés et tendent à prouver l'interaction entre stress et cancer. Tout d'abord, chez l'animal, *« des chercheurs canadiens ont montré que des animaux vivant dans une ambiance protégée ne présentaient que 15 % de cancers »*. En revanche, ceux vivant dans une ambiance stressante en présentent *« 75 %, et encore à un âge moins avancé »*[1]. Il semblerait que les sécrétions de substances induites par le stress diminuent le nombre de certaines cellules immunitaires. Or, celles-ci seraient

---

1. Lôo, H., Lôo, P., *Le stress permanent*, Masson, 1999 (page 44).

chargées de détruire toutes les cellules mutantes, c'est-à-dire celles susceptibles d'être à l'origine d'un cancer.

Il est intéressant de noter que l'effet du stress sur ces cellules immunitaires se retrouve chez des rats à qui l'on a enlevé les glandes surrénales. Cela met en lumière que l'effet du stress sur ces cellules immunitaires n'est pas uniquement lié au cortisol, mais aussi à des substances telles que l'adrénaline ou la noradrénaline, comme nous avons déjà eu l'occasion de le voir.

Quant à l'influence du stress sur l'évolution des pathologies malignes, elle semble tout aussi significative. Le professeur Maurice Ferreri l'a fort bien exprimé : « *L'existence de ces interactions réciproques entre le système nerveux et le système immunitaire permet de comprendre comment le stress peut influer… sur l'évolution de pathologies néoplasiques* »[1], autrement dit sur l'évolution des cancers.

Si le lien entre immunité et cancer semble admis, la relation entre stress et immunité paraît l'être aussi. Le docteur Françoise Villemain, psychiatre, titulaire du certificat d'immunologie de l'Institut Pasteur, a écrit : « *Les quelques études réalisées chez l'homme sur les fonctions immunitaires au cours des stress psychologiques (...) tendent à montrer que les agressions psychologiques surtout répétées ont tendance à diminuer le potentiel de réponse immunitaire qu'a un individu donné (...) dès maintenant, il apparaît que l'axe hypothalamo-hypophyso-surrénalien est particulièrement impliqué dans la relation entre stress et modifications physiopathologiques, immunologiques.* »[2]

Quant aux propos du docteur Roland Jouvent, directeur de recherche au CNRS, dans un éditorial intitulé « Le stress et l'équilibre du vivant », ils sont très clairs : « *Citons la contribution du stress aux pathologies somatiques, y compris cancéreuses.* »[3]

---

1. *Du stress à la pathologie du stress*, Laboratoire Biocodex, 1995 (page 37).
2. *Stress et immunologie*, PUF, 1989 (page 28).
3. Mis en ligne sur le site Internet du CNRS le 29 août 2007.

Selon une étude menée par le docteur américain Carolyn Y. Fang au Fox Chase Center de Philadelphie, parue en février 2008 dans *Annals of Behavioral Medecine*[1], le stress chronique favoriserait la transformation, chez la femme, des lésions du virus du papillome humain en cancer.

Toujours dans le même sens, une étude, menée par le professeur israélien Shamgar Ben-Eliyahu, du département de psychologie de l'université de Tel-Aviv, publiée en février 2008 dans la revue *Brain, Behaviour and Immunity*, montre que le fait de bloquer l'effet du stress par des médicaments adaptés lors d'une chirurgie sur une pathologie cancéreuse augmenterait le pourcentage de survie.

Une autre étude d'août 2008, menée par l'équipe du docteur israélien Ronit Peled, de l'université Ben-Gourion, publiée dans *BioMed Central Journal*, montre que le risque de développer un cancer du sein diminue chez les personnes optimistes et augmente de 60 % chez les personnes subissant des événements traumatisants comme un divorce ou la perte d'un proche.

Enfin, des travaux menés en novembre 2008 par l'équipe de Barbara Andersen, de l'université de l'Ohio, mettent en évidence l'intérêt d'associer à un traitement médical et à un suivi psychologique un triptyque constitué d'activité physique, de nutrition adaptée et de… gestion du stress, pour améliorer la longévité des femmes atteintes d'un cancer du sein. Les résultats sont en effet très clairs : « *Onze ans après la fin de l'expérience, les femmes qui avaient suivi ce programme intensif ont eu un risque de mortalité diminué de 56 %. Si on exclut les femmes qui ne sont pas allées au bout du programme, le risque diminue de 68 %. Enfin, ces femmes ont eu une espérance de vie augmentée d'environ cinq ans.* »

---

1. Volume 17, numéro 1.

Les conséquences rhumatologiques

Le stress joue aussi un rôle au niveau rhumatologique, en favorisant notamment les lésions cartilagineuses et certaines douleurs rachidiennes… Les premières lésions décrites par Hans Selye concernaient le cartilage. On pense que celles-ci seraient favorisées par une forme de compétition entre deux hormones sécrétées en plus grande quantité en cas de stress, le cortisol et l'aldostérone ; le cortisol ayant une action anti-inflammatoire alors que l'aldostérone a une action pro-inflammatoire.

De nombreuses pathologies rhumatismales sont appelées auto-immunes, parce que l'organisme produit des anticorps contre ses propres tissus. Or, le lien entre stress et immunité est désormais admis. Dès 1983, trois auteurs ont tenté d'établir un lien entre des affections rhumatismales et certains profils psychologiques[1].

Au niveau rachidien, une même lésion peut s'exprimer de manière douloureuse chez une personne et passer inaperçue chez une autre. Parfois, chez un patient souffrant de douleurs lombaires, les examens complémentaires mettent en évidence une hernie discale. En l'espèce, le lien de cause à effet apparaît évident : la hernie discale comprime la racine nerveuse et se traduit par des douleurs. Or, on s'est aperçu, chez des patients dont le rachis était exploré, par exemple après un accident, qu'une hernie discale pouvait s'accompagner d'une absence de douleurs. En effet, souvent, il faut que la hernie discale soit accompagnée d'une contraction suffisante des muscles para-vertébraux pour que la douleur apparaisse. Or, le stress facilite la contraction des muscles par stimulation de récepteurs Bêta. C'est alors que l'expression pleine de bon sens « *J'en ai plein le dos* », prononcée

---

1. Boucharder, J., Jacquot, J.-F., Chaud, J.-P., « Psychologie des rhumatisants chroniques à travers le test du Rorschach », *Annales médicopsychologiques*, 1983.

lorsque l'on commence à saturer, s'éclaire et se comprend parfaitement.

Si le stress favorise les lésions cartilagineuses et facilite la contraction de nos muscles, on entrevoit alors facilement le rôle qu'il peut jouer dans le développement des troubles musculo-squelettiques, TMS en langage médical usuel…

Les conséquences digestives

Sur le plan digestif, le stress se trouve, là encore, à l'origine de nombreux troubles. Tout le monde a entendu parler du célèbre ulcère de l'estomac, communément appelé « ulcère de stress », tant il est vrai que sa survenue est reconnue comme résultant directement du stress. Cette affection peut survenir à l'occasion d'un stress aigu ou chronique. Elle peut avoir une cause physique (brûlures étendues, traumatisme crânien grave, intervention chirurgicale importante, etc.) ou psychique.

L'exemple des ulcères survenus lors des bombardements de Londres en 1940 est très souvent cité pour en attester. Des conditions particulièrement contraignantes, notamment à bord de bâtiments classiques de la marine ou de sous marins, peuvent également être mises en avant. Sous l'influence du stress, deux phénomènes se conjuguent pour provoquer un ulcère de l'estomac : d'une part, les vaisseaux qui irriguent certaines régions de l'estomac se resserrent, rendant sa paroi plus vulnérable ; d'autre part, l'acidité dans la cavité gastrique est plus importante…

À ce stade, deux remarques s'imposent. D'une part, le stress peut entraîner des sensations de brûlures de l'estomac sans pour autant provoquer systématiquement un ulcère. Il peut aussi favoriser des lésions moins graves telles que des gastrites (inflammations de la muqueuse de l'estomac) ou une simple sensibilité accrue et passagère de la paroi de l'estomac due à une hyper-acidité. Il peut également induire des reflux gastro-œsophagiens, selon une logique qui se conçoit parfaitement. Le stress diminue le tonus du sphincter situé entre l'œsophage et l'estomac et favorise donc la remontée de liquide acide de l'estomac. Or, le liquide est d'autant plus acide que le patient est tendu.

D'autre part, l'impact du stress sur les affections gastriques peut parfaitement expliquer le développement exponentiel de cette catégorie d'affection. La courbe d'évolution de la vente des médicaments destinés à protéger l'estomac, c'est-à-dire en mesure de limiter efficacement l'hyperacidité, donne une idée de la progression vertigineuse du nombre de personnes victimes de ce fléau. Ainsi, entre 1980 et 2000, le chiffre d'affaires des antiulcéreux a été multiplié par sept, passant de plus de 100 millions à 700 millions d'euros !

Certes, il faut reconnaître qu'une partie de cette augmentation provient de l'apparition sur le marché, à partir des années 1990, de nouvelles molécules plus coûteuses. Toutefois, à molécules disponibles identiques, entre 1980 et 1990, le chiffre d'affaires des antiulcéreux est passé de plus de 100 millions à pratiquement 300 millions d'euros…[1]

Les affections intestinales

L'impact du stress est susceptible de se faire ressentir au niveau de la flore intestinale, provoquant des effets néfastes et connus depuis longtemps sur la digestion. Mais, depuis peu, une étude menée par le professeur canadien Stephen Collins[2] vient apporter un éclairage tout à fait nouveau. Elle démontre que la

---

1. Source : Base pharmacie de la DP-IMS ; traitement DRESS.
2. McMaster University Medical Center, Hamilton (Canada).

flore intestinale, pouvant être altérée par le stress, joue aussi un rôle sur le comportement. Ses conclusions ouvrent en la matière de nouvelles voies : « *Dans un tel modèle, des facteurs psychologiques, tel le stress ou l'anxiété, ont une influence sur la physiologie intestinale, altérant ainsi l'habitat de la microflore. La microflore va à son tour avoir un impact sur la physiologie intestinale ainsi que sur les défenses immunitaires au niveau de la muqueuse digestive. Nos récents résultats indiquent que des perturbations de la microflore digestive peuvent influer sur le comportement. Ces données soulèvent l'hypothèse d'un rôle central de la microflore dans le cas de troubles gastro-intestinaux fonctionnels comme le syndrome de l'intestin irritable, pour lequel des perturbations de la flore vont non seulement induire des dysfonctionnements intestinaux, mais pourraient aussi contribuer à la comorbidité psychiatrique que l'on retrouve chez 60 % des patients.* »

L'impact ici démontré est donc bien plus important que ce que l'on a longtemps imaginé. Ces travaux indiquent en outre que les dérèglements induits par le stress s'autoalimentent et instaurent une sorte de cercle vicieux.

L'incidence du stress se fait également ressentir sur les colopathies dites fonctionnelles. On parle de troubles fonctionnels lorsque des symptômes ne se traduisent pas par des lésions organiques, décelées lors des investigations qui sont menées. Tous les bilans sont normaux, mais la douleur et les troubles sont, eux, bien réels. Dans le cas des colopathies, les troubles fonctionnels concernent le colon. Enfin, il est désormais admis qu'une affection colique bien spécifique, la rectocolite hémorragique, évolue souvent en fonction du degré de sérénité du patient.

Les conséquences sur le moral

On ne peut évoquer les conséquences du stress sur la santé, sans aborder ce qui l'a fait connaître du grand public, à savoir son impact sur le moral. On sait que certains types de dépressions sont consécutifs à un déficit en neuromédiateurs. Ce déficit peut avoir deux causes obéissant à des mécanismes différents : soit il s'agit de la conséquence d'un stress chronique alors même que l'origine du stress vient de disparaître ; soit il s'agit d'un stress chronique dont le patient a l'impression qu'il ne sortira jamais.

■ Une variation de niveau

Dans le cas d'un stress chronique dont la cause vient de disparaître, il serait légitime de penser que tout va naturellement rentrer dans l'ordre et que l'état du patient va s'améliorer. Or, c'est parfois l'inverse qui se produit. Pour comprendre ce mécanisme, il faut se souvenir du fonctionnement des neuromédiateurs.

Un neuromédiateur désigne une substance libérée par une fibre nerveuse, dite « présynaptique », dans un espace dénommé « synapse » et capté par une autre fibre, appelée « postsynaptique ». Le neuromédiateur libéré sera en partie capté (1) par la fibre postsynaptique, en partie détruit (2) par des enzymes et en partie « recapté » (3) par la fibre présynaptique.

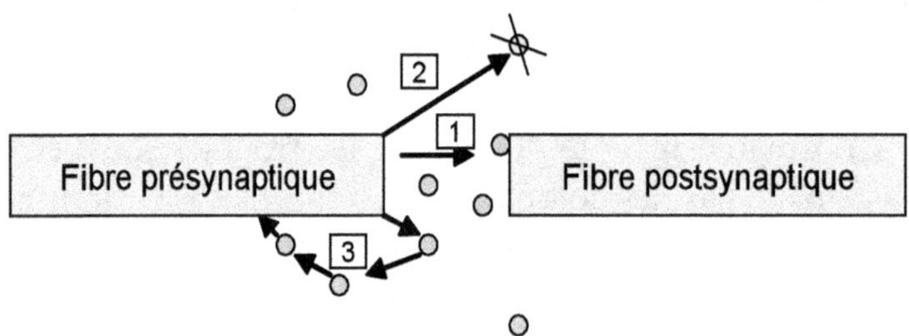

1 : le neuromédiateur est capté par la fibre postsynaptique et agit

2 : Le neuromédiateur est détruit par une enzyme

3 : le neuromédiateur est recapté par la fibre présynaptique

En cas de stress important, le neuromédiateur est sécrété en grande quantité en raison de l'hyperstimulation liée au stress. Lorsque le stress devient chronique, des phénomènes d'adaptation vont se manifester, à l'image de la diminution de la sensibilité des récepteurs postsynaptiques. De ce fait, une hypersécrétion d'un neuromédiateur n'entraîne qu'une augmentation partielle de son effet. Lorsque, brutalement, la personne n'est plus soumise à un stress chronique, les récepteurs postsynaptiques ne retrouvant leur sensibilité que progressivement, elle va subir un déficit passager en neurotransmetteurs et présentera ainsi un tableau dépressif plus ou moins grave.

■ L'origine du stress

L'autre cause de dépression induite par le stress n'est pas liée à une variation de son niveau, mais à son origine, et notamment à la sensation que rien ne permettra d'aller vers un avenir acceptable et qu'aucune solution n'existe. Le mécanisme repose, là encore, sur un déficit en neuromédiateurs… mais le mode d'action est différent. Lorsqu'une personne a perdu espoir, le taux de neurotransmetteurs s'effondre pour plusieurs raisons : deux des enzymes qui permettent la synthèse de neuromédiateurs vont diminuer ; la « recapture » du neuromédiateur par la fibre présynaptique va augmenter et enfin, l'activité d'une enzyme qui permet la dégradation du neurotransmetteur va s'accélérer. En résumé, le neurotransmetteur est moins synthétisé, plus « recapté » et plus détruit. Son taux s'effondre donc et, avec lui, l'état moral du patient. Il est ici très intéressant de voir que, si l'on arrive chez ces patients à trouver un argument logique et irréfutable, montrant que leur situation est différente de ce qu'ils croient, qu'il existe donc chez eux un espoir de s'en sortir, leur état peut s'améliorer, parfois même rapidement.

Globalement, considérant l'influence du stress sur le moral, on peut émettre sérieusement l'hypothèse qu'elle explique l'augmentation croissante de la consommation de psychotropes. Ainsi, en France, *« la vente des antidépresseurs a, en euros constants, été multipliée par 6,7 entre 1980 et 2001 »*[1]. Selon une enquête parue en 2004, *« près d'un quart des Français consomme des anxiolytiques, des antidépresseurs ou des somnifères »*.[2]

■ Une curieuse amélioration

Un cas un peu particulier est celui des patients dont la dépression s'améliore alors que la situation générale s'aggrave. Ces cas de figure ont été décrits durant la Seconde Guerre mondiale où des patients, souffrant de troubles dépressifs, ont connu une amélioration le temps de la guerre, un peu comme si leur source de stress originelle passait au second plan et que la nouvelle, de par son ampleur, favorisait la sécrétion de neuromédiateurs à l'effet correctif. Dans de tels cas, la situation personnelle n'est plus appréhendée de la même manière face à l'ampleur du danger. L'enjeu est simplement de sortir vivant de l'enfer de la guerre et cela change tout ! Il faut en revanche se souvenir que l'amélioration n'est que passagère et souvent suivie, une fois les éléments extérieurs apaisés, d'une aggravation.

Au travers de ces quelques exemples de maladies liées au stress et en examinant le mode d'action de ce dernier, il semble que l'on soit mieux à même d'apprécier l'étendue des dégâts que peut provoquer le stress en termes de santé, et aussi, mieux armés pour y faire face. Mais son influence sur la vie des gens excède de loin le seul domaine médical pour entraver systématiquement la quête de la réussite, chaque fois que cette dernière a besoin de mobiliser des ressources imposant de puiser en soi. C'est bien pourquoi je m'étendrai ici sur l'impact du stress dans des domaines qui, pour certains, nous concernent tous, et pour d'autres, sont symptomatiques.

---

1. Drees, études et résultats, n° 285, janvier 2004 (page 2).
2. « Psychotropes, la France sous influence », *Tandem* (publication de la MACIF), n° 10, avril 2004.

LES CONSÉQUENCES DU STRESS SUR LA RÉUSSITE SCOLAIRE...

À côté des conséquences sur la santé des individus, le stress pèse en particulier sur un domaine qui tient à cœur de tout parent : la réussite scolaire… Les difficultés scolaires sont à l'origine d'un niveau de stress important, aussi bien chez l'enfant que chez les parents. Mais le stress peut également être à l'origine de difficultés scolaires chez un enfant intelligent.

Deux catégories

Schématiquement, il est possible de classer les jeunes qui échouent en raison de leur tension nerveuse en deux « catégories » distinctes.

Tout d'abord, ceux pour lesquels la cause de l'échec est unique et constituée par un état de stress majeur, parfois en rapport avec des problèmes familiaux.

Il y a aussi ceux pour lesquels la cause est double, résultant d'une difficulté à apprendre, associée à un niveau de stress moindre au départ et qui se potentialise au fur et à mesure que l'échec s'installe. Dans le cas de difficultés d'apprentissage, si ces dernières avaient été isolées, l'enfant aurait quand même, le plus souvent, réussi, quitte à éprouver quelques petites difficultés au départ. En revanche, si ces difficultés sont accompagnées d'un réel mal-être, on court à l'échec, car elles seront majorées par un déficit d'attention.

Ces difficultés d'apprentissage vont tout d'abord concerner le groupe des enfants qui ne communiquent pas sur le même « canal » que l'enseignant. En quelques mots, certains enfants sont, ce que la programmation neurolinguistique désigne sous le vocable de

« visuel ». Ces élèves comprennent plus facilement si le professeur recourt à des cartes, schémas, courbes, etc. En revanche, ils ont plus de difficultés à mémoriser et à comprendre devant des lectures ou des exposés verbaux. À l'inverse, un « auditif » apprend moins bien si l'enseignant s'appuie sur des courbes ou des schémas… mais comprend très vite et mémorise à merveille par le biais de textes lus ou d'exposés. Enfin, un « kinesthésique » mémorise d'autant mieux que l'on évoque des sensations profondes, des sentiments.

Lorsque les deux canaux de communication utilisés, l'un par l'enfant et l'autre par l'enseignant, ne correspondent pas, il en découle un petit décalage qui conduit d'autant plus facilement à l'échec qu'il est associé à un certain niveau de stress.

Besoin de compréhension

Les troubles de l'apprentissage peuvent aussi résulter du fait que de nombreux enfants ont besoin, pour réussir, de comprendre le lien entre ce qu'ils apprennent et l'utilisation concrète qui en est faite. En effet, s'il y a des enfants qui sont, dès le départ, tout à fait capables d'abstraction, qui peuvent apprendre pour apprendre, qui mémorisent à merveille et qui sont d'ailleurs ceux qui réussissent le mieux aux examens – car *« comme l'a montré une étude américaine, la réussite aux examens fait appel pour plus de 80 % à des informations mémorisées »*[1] – il en est d'autres, en revanche, qui ont besoin pour apprendre de percevoir concrètement l'intérêt de ce qu'ils apprennent. Pour que ceux-là réussissent leur formation, il faut leur montrer l'intérêt de ce qu'ils apprennent dans une utilisation pratique. Souvent, ces enfants

---

1. Jean-Louis Gouzien, docteur en Sciences de l'Éducation, chargé de cours au Laboratoire des Sciences de l'Éducation et de la Formation à l'Université François-Rabelais de Tours.

décollent lors d'une formation professionnelle ou technique, c'est-à-dire pragmatique.

Ce trouble de l'apprentissage peut, lui aussi, lorsqu'il est associé à un certain niveau de stress, conduire à l'échec. On comprend alors tout l'intérêt attaché à une démarche consistant à diminuer le niveau de stress, permettant ainsi d'aider ces enfants, parfois étiquetés « en difficulté », à réussir. Nous connaissons tous des personnes qui, au début de leur scolarité, ont rencontré des difficultés et qui, par la suite, ont accompli des parcours exemplaires. En un mot, un enfant peut expérimenter une dynamique d'échec et être intelligent.

Alors, le scénario est classique. L'enfant, qui jusqu'alors respirait la joie de vivre, devient terne, triste et silencieux. Son repli sur lui-même, sa solitude et son impossibilité à communiquer n'ont d'égal que son insolence, sa provocation et ses colères. Il dort mal, fait des cauchemars. Il ne s'alimente pas correctement et vit de plus en plus mal sa scolarité. Il ne tarde pas à présenter des troubles physiques liés à son mal-être. En classe, l'attention s'effondre, la compréhension de ce fait s'altère et très rapidement, les résultats chutent. Les encouragements ont alors tendance à laisser la place aux reproches, et de toute façon, tout est perçu comme critique. L'envie de travailler régresse de jour en jour avant de disparaître complètement.

En résumé, le stress, soit seul s'il est très intense, soit associé à des difficultés d'apprentissage plus ou moins sévères, dont nous n'avons ici cité que deux exemples, peut conduire à l'échec un jeune parfaitement intelligent. Cela sera d'autant plus vrai que l'ambiance dans laquelle évolue le jeune comprend déjà de nombreuses sources de stress. Il suffit parfois qu'une source, pourtant insuffisante à elle seule, se surajoute pour entraîner le dépassement des capacités de « résistance » du jeune. Toute situation d'échec scolaire doit donc être détectée très tôt et analysée pour en comprendre le mécanisme et en isoler les différentes causes.

LES CONSÉQUENCES DU STRESS SUR LA PERFORMANCE SPORTIVE...

Une coexistence impossible

La pratique sportive, dès lors qu'elle vise un haut niveau de performance, se distingue par les conditions singulières et exigeantes qu'elle pose. Elle requiert pour le sportif de chercher à repousser sans cesse ses propres limites et sollicite de ce fait une capacité à puiser dans ses ressources qui ne tolère pas le moindre dérèglement. Le stress en induit beaucoup, comme nous avons pu le constater.

La lecture des conséquences du stress par le prisme de la performance sportive est donc symptomatique. Elle présente également l'avantage d'avoir fait l'objet d'études et d'analyses dédiées, riches d'enseignements et de perspectives. Pour avoir suivi quelques sportifs de haut niveau préparant les Jeux Olympiques ou quelques championnats internationaux, je me suis aperçu que la réussite sportive ne pouvait avoir comme corollaire que la sérénité la plus absolue, la plus durable possible, en un mot le bien-être pratiquement permanent.

En matière sportive, la performance à un haut niveau est antinomique avec le stress intense et chronique. Un jeune cycliste de 18 ans m'a souvent dit : « *Lorsque je suis serein, je ne sens pas la fatigue. Autrement, c'est l'horreur.* » Je me remémore l'arrivée, à mon domicile, de ce jeune qui, préparant les championnats du monde junior, rentrait d'un très long entraînement de deux cents kilomètres. Il aurait dû être exténué, car le rythme rapide s'était ajouté à la distance. À ma question « *Comment te sens-tu ?* », Il m'a répondu un surprenant : « *Très bien et toi ?* » Ce jour-là, il était serein ! À l'inverse, le stress chronique peut être à l'origine de nombreux échecs. D'un point de vue strictement mental, cela se comprend fort bien et, en plus, d'un point de vue biologique, cela s'explique parfaitement.

Tout d'abord, il faut savoir qu'un état de stress chronique entraîne une élévation du cortisol et une baisse des hormones sexuelles, testostérone chez l'homme, œstradiol et progestérone chez la femme. À titre anecdotique, c'est ce même mécanisme qui provoque les troubles menstruels chez les femmes en proie au mal-être. Sur ce point, le professeur Maurice Ferreri est très clair : « *On a pu effectivement montrer que l'activation de l'axe corticotrope est accompagnée d'une inhibition de l'axe gonadotrope – en cas de stress prolongé.* »[1] L'axe corticotrope étant celui à l'origine de la sécrétion de cortisol et l'axe gonadotrope, celui à l'origine de la sécrétion d'hormones sexuelles.

De la même manière, il faut savoir que la charge de travail énorme et durable du sportif de haut niveau est à l'origine d'un dérèglement identique, à savoir une élévation du taux de cortisol et une baisse des hormones sexuelles. Ainsi, on peut lire que, chez l'homme, « *l'effort physique intense et prolongé s'accompagne d'une élévation de la sécrétion surrénalienne de cortisol (…) et d'une diminution des sécrétions androgéniques testiculaires, testostérone principalement* »[2].

Le stress et l'effort physique important et prolongé sont donc la cause d'un dérèglement hormonal identique. De ce fait, lorsque chez un sportif s'adjoint la part de déséquilibre liée au stress, on altère profondément les capacités de réussite en diminuant considérablement le taux d'hormones sexuelles. Or, les hormones sexuelles sont à l'origine du développement musculaire, de la résistance à l'effort physique prolongé, de la diminution de la durée nécessaire à la phase de récupération et surtout du maintien des conditions morales indispensables à la réussite, à savoir la volonté et la combativité.

---

1. *Du stress à la pathologie du stress*, Éditions Laboratoire Biocodex, 1995.
2. Brunet, B., Brunet-Guedj, É., Moyen, B., Girardier, J., *Médecine du sport*, Masson, 2007, 7e éd. (page 323).

Succinctement présentée, voilà donc une des raisons qui explique l'impossibilité de faire coexister stress chronique et haut niveau de performance.

Des sources de stress impressionnantes

À travers ces quelques exemples purement biologiques, on perçoit mieux pourquoi stress chronique et performances sont incompatibles. Or, le sportif est soumis à un nombre de sources de stress impressionnant. En plus de celles communes à tous, viennent s'ajouter celles inhérentes à la pratique sportive. Vais-je réaliser mon rêve ? Vais-je réussir à gagner ? Serai-je en forme le jour de la compétition ? Vais-je obtenir la sélection indispensable ? Ne vais-je pas me blesser ?

Concrètement, le sportif qui veut réussir à un haut niveau doit impérativement agir sur l'une des causes du déséquilibre, à savoir le stress… Cette relation entre stress et performance sportive a été mise en évidence depuis plusieurs années et pas seulement en France. Elle était ainsi l'objet d'une publication des responsables du département de psychologie de l'Université Clarkson à Potsdam (État de New York) dès 1992[1]. Déjà, à cette époque, ils concluaient à l'intérêt de combiner les approches des psychologues sportifs et des chercheurs sur le stress afin d'étudier plus en profondeur la relation entre stress et performance.

L'autre intérêt de travailler dans cette voie est d'éviter que le sport de haut niveau ne devienne exagérément dangereux. On connaît les dégâts provoqués par un degré de stress important et chronique. On peut facilement imaginer que si des dérèglements propres au sport s'associent, la toxicité va s'amplifier. Lorsqu'un sportif de haut niveau meurt jeune, il y a toujours des personnes

---

1. Felsten, G., Wilcox, K., Department of Psychology.

pour laisser planer le doute sur la prise de produits interdits. Soyons honnêtes, même sans la prise de substances illicites, le sport de haut niveau peut tuer de manière prématurée !

La prise en considération du stress chronique chez le sportif de haut niveau est bien évidemment un enjeu majeur dans le domaine sportif, mais qui va bien au-delà de la seule performance sportive, car elle forme des pistes dans d'autres secteurs où les enjeux de performance sont importants.

LES CONSÉQUENCES DU STRESS SUR L'ENTREPRISE...

La quête de performance

Alors que les entreprises sont devenues le principal moteur de nos sociétés et à l'heure où elles se livrent une compétition redoutable, la quête de performance représente une préoccupation constante et même croissante en phase de crise. L'amélioration de la performance des entreprises dépend naturellement d'un ensemble d'éléments, mais parmi ceux-ci le facteur humain est central.

C'est à ce titre que les entreprises cherchent à disposer de salariés compétents dans leurs fonctions et dont l'interaction avec leurs collègues produit un effet stimulant, une émulation tirant vers l'avant. Or, les salariés, au même titre que tout un chacun, sont de plus en plus victimes des effets du stress, à l'origine d'un mal-être peu propice à la réalisation d'un travail serein et à la mobilisation de ressources supplémentaires, pourtant nécessaires quand l'entreprise affronte de nouveaux défis. De plus, lorsque la quête de performance n'est pas suffisamment accompagnée d'un point de vue humain et se limite par exemple à des objectifs mathématiques de productivité et des réorganisations de structures, l'entreprise est elle aussi génératrice de stress venant s'ajouter aux causes plus personnelles.

Un tel cas de figure donne un schéma inverse à celui visé. Outre des salariés stressés et peu épanouis dans leur travail, il génère des dysfonctionnements majeurs dans l'organisation, car les interactions entre salariés au sein d'un même service ou d'une même entreprise créent des tensions et s'exercent à contresens. Pas étonnant donc que le stress favorise un *turnover* excessif, les arrêts et les accidents de travail, les phénomènes de présentéisme qui voient des salariés présents physiquement certes, mais peu concentrés et impliqués… Autant de paramètres qui témoignent d'une ambiance peu compatible avec la réalisation de performance pour l'entreprise.

C'est pourquoi un nombre croissant d'entreprises imagine aujourd'hui des actions en faveur du bien-être de leurs salariés. Une intervention ciblée permet en effet de jouer, de manière significative, sur ces paramètres. Un dirigeant d'entreprise du Loiret (LSDH) a témoigné récemment dans la presse de son expérience et des initiatives qu'il a engagées en la matière : « *Les salariés sont pris en charge par un médecin, ni psy ni gourou, juste bienveillant. En interne, les conflits au travail s'apaisent, l'image de l'entreprise s'améliore. Du coup, l'attractivité de LSDH croît. Le turnover dans nos équipes a considérablement chuté. Même chose pour l'absentéisme* »[1].

L'efficience intellectuelle

Par ailleurs, à l'image de tous les domaines dans lesquels il convient de solliciter plus fortement ses capacités, on sait que le stress pénalise l'efficience intellectuelle. On aura donc des unités de recherche moins créatives, moins imaginatives… Une récente étude sino-américaine a montré qu'un gain de sérénité améliorait

---

1. Emmanuel Vasseneix dans *La Tribune d'Orléans*, 16 juillet 2009.

sensiblement le niveau intellectuel[1]. C'est en grande partie ce qui explique l'investissement de certains grands groupes, à forte composante de recherche et d'innovation, en faveur du bien-être de leurs collaborateurs… Il faut qu'ils soient bien pour donner le meilleur d'eux-mêmes. Il importe qu'ils se sentent bien dans leur entreprise pour les fidéliser.

De récents travaux[2] menés par l'équipe du professeur Éric Gosselin corroborent pleinement cette hypothèse. Le stress, dans la grande majorité des cas, plombe la performance. On a long-temps défendu l'idée qu'un peu de stress permettait d'augmenter la performance… La méta analyse du professeur Gosselin, qui porte sur plus de cinquante-deux études, parvient à la conclusion inverse. L'effet du stress ne s'avère productif que dans… 15 % des cas ! À l'inverse, dans 75 % des situations observées, plus le niveau de stress augmente, plus la performance diminue. Enfin, dans 10 % des cas, le niveau de stress est neutre et n'a aucune traduction, ni positive, ni négative, sur la performance.

C'est la raison pour laquelle les méthodes de management par le stress qui, un temps, ont connu leur heure de gloire, paraissent relativement décalées dans le contexte actuel. Louis Schweitzer, ancien Président de Renault et actuel Président de la Haute Auto-rité de Lutte contre les Discriminations et pour l'Égalité (HALDE) tient des propos tranchés sur le sujet : « *Le management par le stress n'est pas efficient. Cela ne veut pas dire qu'il faut être entièrement "relax". Mais il ne faut jamais mettre les salariés dans une situation de découragement, sinon on entre dans une spirale très négative.* »[3] Certains domaines visant un haut niveau de performance comme le sport l'ont depuis longtemps compris. Quelques entreprises sont

---

1. *Institute of Neuroinformatics and Laboratory for Body and Mind at* Dalian University of Technology de Dalian (Chine) et laboratoire de Psychologie de l'université de l'Oregon.
2. www.stress-info.org/nouvelles-recentes/stress-et-performance/
3. *Enjeux Les Échos*, février 2008.

pionnières en la matière. Mais force est de constater que si les progrès à accomplir sont encore abyssaux, ils laissent entrevoir de belles perspectives d'évolution. Au total, il semble évident que plus on diminue le niveau de stress au sein de l'entreprise, plus on augmente la performance de celle-ci.

Les conséquences du stress sur l'entreprise concernent aussi bien l'image de celle-ci que sa performance. Il suffit de voir l'impact médiatique d'un suicide sur une entreprise pour comprendre comment son image va souffrir. L'impact peut porter aussi bien sur le recrutement – qui a envie de travailler dans une entreprise où des salariés se suicident ? – que sur les clients. En effet, cela peut influer lorsqu'il existe une part d'incertitude chez le client et que celui-ci, par solidarité inconsciente avec les victimes, orientera son choix vers des produits élaborés par un groupe plus attentif à ses salariés.

LES CONSÉQUENCES DU STRESS SUR L'ÉCONOMIE...

En s'attaquant de plus en plus largement aux individus, en touchant des pans entiers, soumis à une forte nécessité de performance à l'image des entreprises, le stress finit inéluctablement par avoir une incidence économique. Ce dernier coûte cher à l'économie d'un pays en raison des dépenses de santé nécessaires à son traitement, mais en plus, il crée un climat peu propice à la consommation.

Quel coût ?

Certes, le chiffrage du coût du stress pour la société n'est pas un exercice aisé, tant les variables sont nombreuses. On sait que ce fléau influe sur l'émergence ou l'évolution de certaines maladies, mais dans quelle proportion exacte intervient-il ? Les liens de cause à effet entre certaines pathologies et le stress sont parfaitement établis, mais pour un nombre important d'entre elles, des d'incertitudes demeurent encore. Il en est d'autres dont on connaît le rapport avec le stress, mais qui peuvent aussi survenir spontanément.

Par ailleurs, comment chiffrer l'impact financier du stress généré par l'échec scolaire d'un enfant ou par l'échec sportif d'un champion ou d'une équipe ? L'exercice de chiffrage est donc délicat, mais peut néanmoins s'appuyer sur un ensemble de données fiables permettant de disposer d'ordres de grandeur.

Des données fiables

Ainsi, des études parviennent à effectuer des évaluations dont les résultats dévoilent tous des coûts prohibitifs. Pour ce faire, ces études prennent en compte le coût des arrêts de travail liés à des maladies directement induites par le stress, celui des accidents du travail survenus dans des circonstances évocatrices, celui des traitements des pathologies dont le lien avec ce fléau est avéré, etc. Les évaluations chiffrées dont on dispose établissent le plus souvent une distinction entre coût du stress professionnel et coût global du stress, excédant les seules origines professionnelles.

Ainsi, en Suisse, une étude[1] réalisée en 2001 estime le coût du stress d'origine professionnelle entre 2,9 milliards et 9,5 milliards d'euros, alors que ce pays compte 7,5 millions d'habitants. Au Royaume-Uni, une autre étude[2] montre que le stress dont l'origine est liée aux conditions de travail atteint un coût supérieur

---

1. Ramaciotti et Perriard.
2. Sigman (1992).

à 11 milliards d'euros. Enfin, en France, le Bureau International du Travail (BIT) estime que « *le stress professionnel coûte, en moyenne, 3 % du produit intérieur brut (PIB), soit environ 51 milliards d'euros* ».

Le coût global du stress pour un pays comme le Royaume-Uni, dont la population est équivalente à celle de la France, atteint des niveaux impressionnants, puisqu'il représenterait environ 160 milliards de dollars[1]. En ce qui concerne les États-Unis, d'après une étude[2] réalisée en 1990, le coût total du stress dû notamment à l'absentéisme, aux pertes de production, aux dommages et intérêts ainsi qu'aux dépenses médicales directes s'élevait à plus de 150 milliards de dollars par mois, soit 1 800 milliards de dollars par an.

L'impact moral

En résumé, le stress est extrêmement coûteux en raison des dépenses de santé qu'il entraîne, mais malheureusement, son impact économique ne se limite pas à ce seul aspect. Il connaît en effet une traduction indirecte majeure dont les assauts sont plus pernicieux et délicats à juguler. Le stress a ainsi des conséquences économiques en raison de son impact moral. C'est là un trait qui mérite attention.

Le stress, d'où qu'il vienne, forme une sorte de chape qui pèse lourdement sur les actes de la vie, même les plus quotidiens. En se propageant, il finit par créer une atmosphère où le pessimisme règne en maître. Dans ce contexte, la tendance au repli sur soi est plus forte que l'envie de consommer. Remarquons à ce propos que la consommation constitue d'ailleurs l'étalon de mesure du

----

1. Health and Safety Executive.
2. Karasek et Theorell.

moral des ménages retenu par l'INSEE. Un moral qui lâche et une consommation qui chute privent le pays d'une pièce maîtresse dans le moteur interne de la croissance.

Que ce soit en raison de ses conséquences humaines, sociétales ou économiques, agir pour diminuer le niveau de stress s'avère un enjeu majeur.

Comment vivre heureux quand on est confronté au stress ?

Le médecin urgentiste est en permanence confronté à des situations stressantes : il doit décider et agir vite. La nature de son métier le pousse à côtoyer régulièrement l'échec, le désespoir, la souffrance ou la mort. Mais pour poursuivre, il n'a pas le choix et doit impérativement trouver la ressource lui permettant de repartir, de rebondir.

UNE INTERVENTION MARQUANTE

Je n'ai jamais oublié cette intervention avec le SAMU, un 24 décembre vers 14 heures 30, il y a plus de vingt ans. Le contexte de la préparation de Noël, contrastant avec le drame qui s'était produit, a imprimé en moi le souvenir précis de ces pénibles moments.

Accompagnés d'une équipe complète, constituée d'un ambulancier et d'un infirmier anesthésiste, nous sortons, à la demande des sapeurs-pompiers qui nous ont signalé un accident de la voie publique impliquant une voiture légère et un cyclomoteur. La circulation est dense et une pluie fine et continue ajoute aux difficultés pour se frayer un passage. Personne ne parle. Tout le monde est attentif aux voitures qui débouchent sur les côtés, aux conducteurs qui, paralysés par la sirène, paniquent et obstruent le passage. L'ambulancier efface les rues, les unes après les autres. Il fonce, autant qu'il peut. Il est efficace.

Le contraste est saisissant entre les vitrines scintillantes, les guirlandes colorées, l'ambiance particulière d'avant la fête et la lumière vive des gyrophares qui vient s'écraser sur les murs, faisant écho au vacarme infernal du klaxon. Après quelques minutes, le premier bilan des pompiers nous parvient par radio. Il s'agit visiblement d'un adolescent d'une quinzaine d'années, heurté par un véhicule. Les pompiers signalent qu'il est en arrêt cardiorespiratoire. C'est très mauvais signe. Cela signifie que les fonctions vitales de l'enfant ne sont plus assurées : son cœur est arrêté et il ne respire plus. Les pompiers précisent aussitôt qu'ils entreprennent des manœuvres de réanimation.

Lorsque nous arrivons sur place, il n'est besoin d'aucun commentaire. La mine des pompiers suffit. L'enfant de 15 ans gît sur le sol. Je comprends immédiatement qu'il n'y a rien à faire, que c'est fini. L'impact a été si violent que la boîte crânienne n'a pas résisté. Sous l'effet du choc, elle s'est complètement déformée. Bien qu'il soit illusoire d'espérer quoi que ce soit, par une sorte de systématisme caractéristique de ce métier et certainement aussi parce qu'on accepte difficilement l'injustice d'une telle situation, on intervient quand même. On vérifie l'absence de pouls, l'absence de rythme cardiaque au cardioscope, l'affreuse dilatation des pupilles. Dans notre métier, des pupilles dilatées signifient trop souvent la fin de la vie.

Il faut se rendre à l'évidence, ce gamin est mort ! Son corps est allongé, devant moi, et j'éprouve à cet instant un vertigineux sentiment d'impuissance ! Le geste médical se limitera, une heure plus tard aux urgences, à un prélèvement sanguin, nécessaire aux forces de l'ordre pour vérifier le taux d'alcoolémie et procéder aux formalités légales requises. J'ai fait ce geste, seul avec lui, en m'excusant presque de sa brutalité, vu le contexte. Je ressens aujourd'hui encore le malaise que j'ai alors éprouvé au contact de la seringue qui aspirait progressivement dans le cœur, son sang encore chaud. On aurait dit que ce sang, synonyme de vie, refusait de se rendre et niait l'abjecte évidence. Tout comme les parents, que je suis allé voir dans la foulée, assommés et effondrés par le drame qui les frappait atrocement !

À quelques heures de ce qui sera pour des millions de personnes une fête, une merveilleuse fête, ils ont perdu leur fils. Dans ces moments-là, tout est important : les mots, les silences, les regards, les gestes. Et, avec d'infinies précautions pour ne rien ajouter à la douleur, il faut expliquer que l'on n'a rien pu faire, que dès le départ, les lésions étaient rédhibitoires. Les mots sont difficiles à trouver… Que voulez-vous dire à des parents qui viennent de perdre un enfant ? Les mots paraissent vides de sens. Ils sont vains, impuissants. Les silences sont des gouffres de douleur. Et dans ce silence effroyable, les pleurs contenus de parents vous attaquent la carapace que tout médecin est censé se forger pour résister.

Quelle foutaise ! J'ai le regard troublé par la peine partagée, par la rage de voir ce gamin inerte, parce que je n'ai rien pu faire, rien qui puisse, ne serait-ce qu'un instant, laisser retentir un « bip » sur le cardioscope, caractéristique d'un cœur qui réagit aux traitements… Rien ! Dans le feu de l'action, je m'étais senti impuissant. Là, je me sentais presque coupable, coupable de n'avoir rien pu faire qui puisse donner espoir à ces parents défaits. Au bout de quelques minutes, ils m'ont remercié. Mais, au fond de moi, je me disais : « *Mais merci de quoi ? Je ne l'ai pas sauvé votre fils !* » Je n'ai jamais compris que l'on puisse dire merci après un échec. Et cependant, malheureusement, des coups comme celui-ci, on en voit souvent dans un SAMU et je constate que cette sorte de gratitude douloureuse se produit souvent. Il est vrai qu'on n'est pas responsable de l'échec. On a fait ce qu'il y avait lieu de faire. On s'est donné à fond. Et puis ces remerciements s'adressent certainement inconsciemment à celui qui assiste à la même tragédie et partage une odieuse tranche de vie. Mais on a beau s'imprégner de tous ces arguments rationnels, aux tréfonds de soi, un sentiment de culpabilité persiste ; une sensation paralysante et tenace qu'il va falloir gérer.

À dix-sept heures, la journée est terminée ; la relève est prise par les collègues qui vont assurer la garde de nuit. Il est temps de partir et d'essayer de penser à autre chose, comme on dit. En rentrant chez moi, je ne parviens pas à me sortir cette histoire de la tête. Envisager de faire les courses, de retrouver la famille et les amis pour Noël est au-dessus de mes forces… Je décide de tout annuler et de me replier chez moi. Après avoir tourné en rond un bon moment, je me mets au travail. À côté de mon métier d'urgentiste, j'ai la chance de m'investir dans le domaine humanitaire. À cette époque, j'étais en train de préparer une mission pour le Burkina Faso. Je sais que le chef du village où l'équipe doit intervenir nous attend. L'année précédente, notre mission, qui comportait également un volet destiné à développer l'agriculture locale, avait permis d'augmenter la récolte et de réduire considérablement la mortalité. Ces gens comptent sur nous et, absorbé par mes projections, je me rends soudain compte que j'ai fini par m'évader, tiré par une nouvelle force de vie plus puissante que le drame qui s'était produit.

LA FORCE DU FACTEUR HUMAIN

Quelques années plus tard, j'aurai l'occasion de revivre une expérience, certes moins dramatique, mais illustrant tout autant la force du facteur humain pour se relever des situations qui savent si bien ouvrir les blessures. Je devais intervenir à environ deux cents kilomètres de Prague pour récupérer, en vue de le rapatrier, un enfant de 13 ans, victime la veille d'un grave accident. Il avait des lésions importantes au niveau de la jambe gauche.

Arrivé à Prague, un ambulancier m'attendait pour me conduire à la rencontre de ce jeune patient. Cet enfant n'avait vraiment pas de chance. En temps normal, il vivait dans le nord de la France, dans un foyer où il avait été placé, faute de parents pour s'occuper de lui. C'est son foyer qui a organisé ce périple en République tchèque. La veille, alors qu'il faisait une promenade dans une voiture à cheval, il a fait une chute et la roue de la voiture lui a roulé sur la jambe, provoquant de multiples lésions osseuses.

Une fois à l'hôpital, je me rends à son chevet et lui explique comment est organisé son retour : un trajet en ambulance jusqu'à Prague, puis en avion entre Prague et Paris et de nouveau en ambulance, entre Paris et Lille.

J'examine ensuite sa jambe blessée et m'inquiète de son niveau de douleur. *« Si je ne bouge pas, je n'ai pas trop mal, mais au moindre mouvement, c'est horrible. »* Les radios montrent l'étendue des lésions. Je me mets alors à craindre le retour, une importante partie du trajet empruntant des routes défoncées. Je lui administre des drogues contre la douleur et lui explique qu'il va falloir l'installer dans un matelas coquille en vue de le transporter sans le faire souffrir. Ces matelas sont remplis de petites billes et conçus dans une matière qui leur permet de prendre les formes que l'on souhaite. Une fois le patient installé, il suffit d'en vider l'air pour qu'il durcisse et immobilise le corps tout entier.

L'effet des médicaments commence à se traduire. On commence alors le transfert sur le matelas coquille. Mais le patient souffre encore beaucoup. Devant la persistance de la douleur, j'envisage de renforcer le traitement antalgique lorsque l'enfant se met à vomir. Le médecin orthopédiste de l'hôpital m'explique ses difficultés à gérer la douleur en raison de la survenue fréquente de vomissements. J'administre alors à l'enfant des médicaments anti-inflammatoires pour diminuer les œdèmes péri-lésionnels et agir ainsi sur l'une des causes de la douleur. L'amélioration est modérée. Je lui injecte d'autres médicaments et là, il souffre un peu moins. Nous l'installons dans l'ambulance et au bout de quelques kilomètres, la douleur est repartie.

Espérant détourner un peu son attention du seul phénomène douloureux, je prends le parti de lui parler un peu. Il se met alors à me raconter son enfance meurtrie, son foyer dans lequel il se plaît et où le personnel est attentionné. Il me parle de ses amis… Il paraît un tout petit peu mieux. Au bout de quelques kilomètres, il me demande si je suis marié, si j'ai des enfants. Je suis à mon tour obligé de me livrer un peu. Je lui explique que je suis marié et que j'ai une fille, plus jeune que lui. Il réfléchit et me dit alors : « *Elle en a de la chance votre fille…* » Je lui parle de nouveau de lui, de ses objectifs à court et moyen termes… Il m'interrompt et me demande s'il peut me tenir la main. Je lui tends ma main gauche, il la prend dans sa main gauche et, au bout de quelques minutes, je sens que sa main encore fine se desserre légèrement. Je le regarde, il dort. Je n'ose plus bouger de peur de le réveiller. Nous ferons pratiquement deux cents kilomètres main dans la main.

Arrivés à l'aéroport de Prague, nous l'installons sur la civière de l'avion et fixons les perfusions qui continuent à lui délivrer les médicaments antalgiques. Durant le vol, notre échange reprendra là où il s'était interrompu. Il me parle de sa vie, de ses peurs, de ses objectifs. Il souffre beaucoup moins et semble nettement plus serein. L'équipage d'Air France est adorable, chacun essayant d'être le plus attentionné possible avec ce petit bonhomme au membre inférieur brisé. Arrivé à Paris, il faut de nouveau le transférer de la cabine de l'avion à l'ambulance qui l'évacuera vers le Centre Hospitalier Universitaire (CHU) de Lille, l'hôpital Roger-Salengro. L'ultime partie de ce transfert se déroule parfaitement et nous arrivons à l'hôpital à l'horaire prévu. Un éducateur du foyer où vit cet enfant est présent et lui signale que ses grands-parents ont été prévenus et qu'ils viendront le voir demain.

Une nouvelle équipe médicale prend en charge l'enfant, animée par mille attentions. Lorsque je le salue avant de le quitter, il me regarde et ne peut retenir ses larmes. Il faut dire qu'il s'est certainement confié comme il n'en avait jamais eu l'occasion, comme lorsqu'on peut le faire à une personne dont on sait qu'on ne la reverra sans doute jamais. Il est vrai que nous avons également passé ensemble de nombreuses heures, dans des conditions difficiles. Alors que je m'apprêtais à m'en aller, il me dit : « *Vous savez, contre la douleur, le mieux, c'est la main de l'autre.* » Je lui réponds qu'il devrait faire de la médecine plus tard…

Lors du retour en ambulance vers Paris, je suis seul, à l'arrière du véhicule, et je repense à la vie de ce gamin qui m'a frappé. Quelle galère ! Combien sont-ils dans ce cas ? Comment les aider ? Et, une fois de plus, je remarque que la recherche de solutions, fondées sur l'engagement humain, constitue un rempart efficace contre la peine.

LE COMPORTEMENT ADÉQUAT

Ces deux souvenirs se situent à des années de distance l'un de l'autre. Ils ne sont pas de même nature et ne représentent bien sûr pas le même traumatisme. Pourtant, ils suscitent une réaction analogue chez le médecin qui intervient, et qui, un temps, se retrouve sans protection, aux prises avec des histoires malheureuses. Le trait d'union entre ces deux cas réside dans le comportement qu'ils suscitent, la réponse qu'ils appellent. Alors qu'ils placent face au désarroi de la condition humaine, la mobilisation du ressort des valeurs humaines semble constituer le traitement à instiller pour en compenser les effets.

Dans le premier cas, mon échange avec les parents est certainement maladroit, mais mon émotion, perceptible, les touche. Au point que le 27 décembre, je reçois un courrier de remerciement signé de la maman. C'est à ce genre de chose que vous prenez vraiment conscience de l'importance des mots échangés dans de telles situations. Je décidai d'en tirer des leçons et, durant toute ma pratique médicale, en cas de crise, d'aller chercher ce qu'il y a de plus humain en moi. Cela ne guérit pas, mais permet de diluer, en le partageant, ce qu'il y a de plus douloureux. Dans la même veine, le soir, mon investissement dans un projet humanitaire relève de la même démarche. Je ne fais que me réfugier dans une action où l'être humain est le centre, dont la vie se trouve au cœur.

Dans le second cas, celui de l'enfant blessé à la jambe, la main tendue aura produit un impact très efficace pour lui, sur le plan moral. Notre échange ne s'est pas exclusivement cantonné à des propos médicaux, il était tout simplement animé par la force des relations humaines. L'apaisement qui s'en est suivi a certainement aidé l'action des médicaments administrés contre la douleur.

De mon côté, dès le retour de cette mission et face à la détresse d'un enfant qui ne peut laisser quiconque indifférent, j'ai jeté les bases d'un nouveau projet qui verrait le jour quelques mois plus tard, suite à un autre échange avec un enfant suicidaire, pris en charge lors d'une garde de nuit aux urgences. Ce projet existe encore et s'appelle « Fraternité, j'écris ton nom… ». Il s'agit d'une initiative qui repose sur des échanges épistolaires entre des adolescents en difficulté à qui on trouve deux correspondants : un adulte bien inséré dans la société d'une part et d'autre part un adolescent du même âge, vivant dans un pays du Sud.

Un jour, alors que je demandais à une jeune lycéenne ce qu'elle voulait faire comme études, elle m'a dit : « *J'aurais aimé faire méde-*

cine, mais je suis trop sensible. Je n'aime pas voir souffrir les gens. » Qu'elle se rassure, aucun personnel de santé n'est à ce point surhumain qu'il peut supporter de voir souffrir ou voir mourir les autres. Tous sont sensibles et portent leurs mauvais souvenirs dans un sac, un sac duquel on n'enlève jamais les pierres. Tout au plus les rend-on parfois un peu moins lourdes !

Mais des parades existent aussi pour se protéger contre les mauvais coups de la vie. On a vu qu'elles avaient le facteur humain en dénominateur commun. C'est un peu comme si le malheur des Hommes ne pouvait être compensé que par une joie humaine plus grande encore. Cet enseignement devrait bien pouvoir nous inspirer aujourd'hui, alors que notre mode de vie et la crise économique nous livrent en pâture aux effets du stress. Pourquoi ce qui agit dans des situations extrêmes et éminemment stressantes ne pourrait pas constituer une sorte de parade contre ce phénomène dont nous avons vu les effets nuisibles ?

Une description plus poussée des leviers que j'utilise pour me protéger du stress tout au long de mon activité professionnelle peut permettre d'aider tout un chacun à traverser des situations de crise ou, plus simplement, à protéger sa santé. Nous verrons également, dans les développements qui suivent, que ce qui se vérifie à l'échelle d'un individu peut, moyennant quelques adaptations simples, trouver des traductions efficientes dans le monde de l'entreprise notamment et améliorer ainsi la performance.

Partie II

Dix règles puisées
au cœur de mon expérience
dans le domaine
des urgences médicales

Chapitre 1
Être plus positif que cartésien...

DEUX INTERVENTIONS RÉVÉLATRICES

La nuit a été très active puisqu'à minuit, un grave accident de voiture a mobilisé de gros moyens. Il s'agissait de quatre jeunes de 17 à 20 ans qui se rendaient à une soirée. Dans un virage, la voiture, hors de contrôle, s'est écrasée contre un mur.

Lorsque nous arrivons sur les lieux, les pompiers commencent à déployer leur matériel et, en premier lieu, à éclairer le véhicule. Trois des quatre passagers sont inconscients et les traumatismes sont visiblement majeurs. Le quatrième, lui, est manifestement décédé. Je demande alors du renfort, car une seule équipe ne peut être suffisamment efficace pour prendre en charge trois blessés lourds. Avant que les pompiers aient terminé de découper le véhicule, complètement déformé sous la violence du choc, nous décidons, avec l'infirmier anesthésiste, de pénétrer à l'intérieur du véhicule pour faire un bilan plus précis de l'état des patients et commencer à les perfuser. Ce geste est souvent déterminant, car il permet d'administrer les drogues. On se cogne, on se heurte, on parle très peu, mais on agit vite.

J'ai l'habitude de travailler avec cet infirmier anesthésiste. Entre nous, point besoin de beaucoup de paroles pour se comprendre. Heureusement, car le bruit des machines qui écartèlent et découpent la tôle est assourdissant et raisonne encore plus à l'intérieur de la voiture. Les pompiers sont en nombre et aident l'ambulancier qui nous a conduits à préparer les perfusions, à nous transmettre le matériel, à récupérer les respirateurs.

Au fur et à mesure que nous travaillons, la gravité des lésions s'avère majeure. Deux des survivants sont dans un état catastrophique, le troisième dans un état grave. L'un a une otorragie majeure (écoulement de sang par l'oreille) ; mon pantalon est imbibé de sang. Le véhicule est maintenant ouvert ; il est possible d'en extraire les occupants. L'un d'eux est déjà perfusé et sous assistance respiratoire. Mon collègue, appelé en renfort, arrive alors et le prend en charge. Quelques minutes plus tard, après avoir fait le bilan et mis en place les thérapies nécessaires, il le fera évacuer en hélicoptère vers le CHU le plus proche.

Des deux autres patients, le conducteur est dans un état grave, mais ne nécessite pas de transfert immédiat vers un CHU ; le passager, lui, est intransférable, même de manière héliportée. Une fois extraits du véhicule dans les mêmes conditions que le précédent, ils sont installés dans le camion des sapeurs-pompiers. Avec l'infirmier anesthésiste, nous poursuivons le bilan et injectons les thérapies les plus adaptées. Les lésions cérébrales sont visiblement majeures pour l'un d'eux, les signes neurologiques sont alarmants. Nous décidons finalement de rapatrier ces deux jeunes au centre hospitalier le plus proche.

Le scanner pratiqué sur le passager révèle un traumatisme incompatible avec une survie à court terme. Il est transféré en réanimation, mais succombera dans l'heure qui suit. Le résultat du scanner du conducteur est rassurant, notamment au niveau cérébral. À peine avons-nous terminé avec la prise en charge de ces deux patients que mon collègue rentre de son transfert héliporté au CHU. Il est, lui aussi, porteur d'une mauvaise nouvelle. Le scanner cérébral est catastrophique et laisse peu d'espoir.

On échange un peu sur la violence du choc, sur l'âge de ces gamins, sur l'intérêt d'être intervenus à plusieurs, sur le sombre bilan. On va se doucher, se changer et une heure plus tard, mon téléphone sonne de nouveau : une femme de 45 ans est victime d'une sévère crise d'asthme. Avec le même infirmier anesthésiste et le même ambulancier, nous partons au chevet de cette femme. Dès l'arrivée, son état paraît peu alarmant. La veille, la famille a reçu des amis qui avaient un chien. Elle est allergique aux poils de chien, mais n'a pas voulu en parler, craignant de vexer ses invités. Par précaution, elle a absorbé un médicament anti-allergique dont elle dispose toujours à portée de main. La soirée s'est déroulée normalement puis, à partir de minuit, la crise d'asthme s'est déclenchée. Dans une première phase, sensible à son traitement habituel, elle a pu s'endormir, puis s'est réveillée brutalement, avec une vive sensation d'étouffement.

Un traitement classique est entrepris sous forme d'aérosols et de drogues administrées à l'aide d'une seringue électrique, un système automatique qui permet de passer des drogues à débit constant. La famille est extrêmement agréable, faisant son possible pour que l'intervention se déroule dans les meilleures conditions... Profondément ennuyé d'avoir fait déplacer une équipe du SAMU en pleine nuit, le mari, plein d'attentions, ira même jusqu'à proposer un café, le temps que la situation s'améliore. Je refuse le café alors que j'en ai envie. Je me dis que les conventions sociales l'interdisent en pareil cas et surtout, que cela ne ferait pas très sérieux. Du coup, toute l'équipe se prive du bon café préparé à notre intention.

À ce moment-là, je suis conscient que les conditions de la nuit ajoutent à l'attrait du léger fumé qui s'échappe de la cafetière. Sans le savoir, le mari concentrait dans cette invitation tout le besoin de réconfort et de chaleur ressentis après le bilan tragique de la première intervention nocturne. Après quelques minutes, la respiration de la patiente s'améliore, le taux d'oxygène dans le sang est nettement meilleur, mais à l'auscultation des bronches, un sifflement caractéristique persiste. Je la convaincs d'accepter d'être hospitalisée, pour éviter toute complication. Elle accepte. Le mari s'inquiète de savoir s'il ne nous a pas dérangés pour rien. L'équipe le rassure d'une seule voix. Il veut à tout prix aider et porte le matériel jusqu'à notre véhicule. Il nous remercie encore une fois, avec chaleur.

La fin de la nuit sera calme. Le lendemain matin, je consulte le cahier où sont consignées toutes les sorties. C'est un moment privilégié pour, entre collègues, échanger sur l'activité de la nuit. Les nouvelles prises au CHU sont pessimistes. En revanche, pour le conducteur, tout est encore possible. Quant à la patiente victime de la crise d'asthme, elle va bien. Je décide d'aller lui rendre visite, dans le service où elle est hospitalisée. Notre échange est très agréable. Elle me remercie et me demande de transmettre sa gratitude à mes collègues. Elle me parle de son admiration pour les équipes de médecine d'urgence. Mon téléphone me laissant en paix, notre échange dure un peu. Je me rends compte que j'ai besoin de ses paroles. J'ai besoin de ses remerciements. J'ai certainement aidé cette femme délicate. Je fais durer le plaisir que j'éprouve à cette idée. Je me le dis et me le répète à volonté, dans le couloir que j'arpente pour regagner les urgences.

Durant la journée, les autres interventions se passeront bien. À chaque fois, j'ai tenté de profiter pleinement de toutes les issues positives, de toutes les réussites, même si toutes les situations n'étaient pas forcément périlleuses. Avec mes collègues, nous plaisantons à propos du café nocturne, fumant et alléchant. On insiste sur les sorties qui se sont bien passées. À plusieurs reprises, je fais le tour des patients dans leurs services, plus pour me réconforter que pour vérifier qu'ils vont bien. En quelque sorte, après le traumatisme de l'accident de la nuit, je me gave de bonnes nouvelles.

UNE TENDANCE CONTRAIRE

C'est au travers de ces situations vécues cent fois que je me rends compte que, face au drame, face à la difficulté, face à la crise, il importe d'être plus positif que cartésien. Et pourtant, dans la vie de tous les jours, en n'y prenant garde, on a souvent tendance à faire le contraire.

Je cite souvent cet exemple, car il nous concerne tous, de l'élève qui rentre du collège avec deux notes, l'une bonne et l'autre nettement moins satisfaisante. En tant que parent, on a spontanément tendance à insister sur la mauvaise note. C'est logique, car cela nous inquiète. On a parfois l'impression que l'enfant n'a pas pris conscience de l'importance de la situation. On va lui expliquer qu'il travaille pour lui et que, sans efforts, il ne réussira pas. On va se souvenir de la note précédente qui, déjà, était insuffisante.

« Tu te rends compte, tu as encore baissé par rapport à la fois précédente ! » ; *« Tu as vu, tu as encore eu cinq… »* ; *« Mais comment fais-tu ton compte pour être aussi mauvais ? »* Autant de phrases courantes, qui ne contribuent pas à aider un enfant à réussir. Mais, dites-moi, et la bonne note dans tout cela, le quinze en Sciences et Vie de la Terre (SVT), il n'existe pas ? *« Oui, mais c'est quand même moins important que les maths »* ; *« Sans la moyenne en maths, rien n'est possible »*… Résultat : l'enfant sera démobilisé, tout comme je l'aurais été si, toute la journée, après cette garde de nuit, on m'avait parlé des patients qui n'avaient pas survécu, en m'interdisant de rendre visite à ceux qui allaient mieux.

Il aurait été préférable d'insister sur la bonne note, d'en parler abondamment et d'attirer simplement l'attention sur la nécessité d'harmoniser les résultats vers le haut, en insistant sur le fait que cela est possible, comme le prouvent les bons résultats obtenus en

SVT. *« C'est très bien en SVT, tu as une très bonne note. En maths, il faut que tu te donnes les moyens de progresser. Ces deux matières obéissent à des modes de pensée proches et tu vas y arriver. Concentre-toi bien en cours, travaille tes exercices et d'ici un mois, je serai autant fier de toi en maths que je le suis aujourd'hui en SVT. »*

Un tel propos serait sans doute beaucoup plus efficace, en adéquation avec ce qu'en dit un professionnel reconnu dans le domaine de la communication d'entreprise, Christian Lemoine, le président fondateur du CRECI (Centre de Recherche et d'Études sur la Communication Industrielle) : *« Ce sont les hommes les plus applaudis qui réussissent le mieux. »*

ET DANS L'ENTREPRISE ?

Dans le domaine de l'entreprise, on assiste un peu à des maladresses similaires. On a plus tendance à parler des échecs que des succès. Je me souviens d'un dirigeant qui, lors d'un petit-déjeuner avec des intervenants extérieurs à l'entreprise a abordé en présence de son commercial le récent échec de ce dernier sur un gros marché. Le commercial acculé a tenté de s'en sortir en mettant en avant ses autres succès. Peinant à convaincre son président, il a insisté, essayant de montrer que la balance penchait du bon côté. C'est alors que le dirigeant a eu cette phrase facile, mais destructrice : *« Vous auriez mieux fait d'utiliser votre talent pour convaincre le client… »*

En l'espèce, aborder un échec en externe est extrêmement contreproductif. Même en interne, insister sur son échec ne contribuera qu'à faire douter le commercial en question alors qu'il a, avant tout, besoin d'être rassuré. Et puisqu'il a de bons résultats, là encore, parlons-en, en montrant sa reconnaissance et son enthousiasme.

J'insiste sans relâche sur la nécessité d'être plus positif que cartésien. On me rétorque alors très souvent que cela revient à ne plus jamais parler de ce qui ne va pas. Eh bien, non ! Il est impossible de diriger une entreprise sans jamais parler des erreurs ou des fautes. La franchise dans une organisation constitue un principe de fonctionnement, de clarification des relations et d'amélioration des résultats, essentiel. En revanche, il ne suffit pas à lui seul. Il faut parler au moins deux fois plus des succès que des erreurs. Or, c'est sans doute l'un des défauts le plus communément répandus dans notre société. Elle glorifie les dysfonctionnements, les difficultés, les échecs… Notre actualité se repaît de cette tournure d'esprit.

Et pourtant, dans des périodes telles que celle que nous traversons actuellement, il serait salvateur de parler, aussi, abondamment de ce qui va bien. À côté des nouvelles d'une Bourse en berne, d'entreprises qui ferment, de dirigeants peu scrupuleux, etc., toutes les situations difficiles révèlent aussi des trésors d'inventivité, de solidarité et de fraternité. Parlons des succès qui sont remportés !

Dans quasiment toutes les circonstances, la vie est contraste. Elle n'est pas qu'anéantissement. Et il semble aujourd'hui indispensable de réapprendre à apprécier tous ces plaisirs semés sous nos pas. Et là, c'est pratiquement d'une forme de rééducation dont nous aurions besoin, tant l'habitude de passer à côté des petites choses agréables est tenace. Seules les bonnes nouvelles démonstratives, sensationnelles ou hors du commun semblent encore capables d'appeler notre attention. Et à côté de cela, nous sommes capables de glisser sans la voir sur la douceur d'une journée de printemps, le cri joyeux d'un enfant qui s'amuse, la délicatesse d'une pensée traduite par un bouquet de fleurs… La vie de chacun d'entre nous regorge de ces moments parfois courts, mais toujours lumineux. Lorsqu'on s'arrête pour y réfléchir quelque peu, ces instants sont fréquents ! Ils appellent juste une décision intérieure et un effort pour les capturer.

En cas de crise, je reconnais que l'exercice est plus difficile, mais aussi plus nécessaire. D'une manière générale, notre cerveau retient à merveille les informations négatives et consomme très vite les bonnes nouvelles. Vous l'avez constaté par vous-même : une bonne nouvelle apprise dans la journée est pratiquement oubliée le lendemain. Je me souviens de cet échange, un soir, avec un grand savant avec qui je devisais à propos d'une bonne nouvelle. Il me dit : « *Il faut que nous nous couchions très tard pour profiter au maximum de ce bon moment.* » En effet, le lendemain, l'effet s'est estompé bien vite. En revanche, s'il s'agit d'une information négative, le lendemain, elle reste intacte.

Chapitre 2

Être encouragé...

L'ACCIDENT DE TRACTEUR

Un dimanche après-midi, par un temps magnifique de début d'été, le standard du SAMU reçoit un appel signalant un accident de tracteur. Celui-ci s'est produit à une trentaine de kilomètres de là. La vitesse du véhicule ne laisse pas franchement le temps d'admirer le paysage qui défile à toute allure. À peine avons-nous parcouru quelques kilomètres que l'équipe des sapeurs-pompiers, présente sur place, nous demande notre position. Ces demandes ne sont, en général, pas de bon augure. Pour gagner du temps un véhicule nous attendra à l'entrée du village qui organise ce jour-là sa fête annuelle. Cela nous évitera de précieuses minutes perdues à chercher notre chemin…

Le bilan, succinct, fait état d'un homme d'une cinquantaine d'années, conscient mais coincé sous un tracteur qui se serait retourné. Du matériel de désincarcération a été appelé en renfort. Nous accélérons encore lorsqu'intervient un nouvel appel pour savoir où nous en sommes. Nous approchons et apercevons le véhicule chargé de nous indiquer les lieux. Il faut pour cela nous frayer un passage à travers la fête avec son corso fleuri et ses enfants qui courent dans tous les sens. Les klaxons des deux véhicules font un vacarme terrible.

Notre ambulancier est un homme très expérimenté et passionné – et le mot est faible – par son métier. L'infirmier est, lui aussi, un excellent professionnel des urgences. Enfin parvenus à destination, nous voyons un tracteur retourné et, à peine sortis de l'ambulance du SAMU, nous entendons hurler de douleur son conducteur. Cet agriculteur fauchait l'herbe d'un terrain en pente et, à un endroit escarpé, le tracteur a basculé. L'homme, dangereusement entravé au niveau du cou et de l'épaule droite, est resté coincé sous le tracteur. Une partie métallique, juste située dans l'axe de son rachis cervical, pourrait lui être fatale. Si le tracteur glisse de quelques centimètres, le rachis cervical sera rompu.

Avant toute tentative de désincarcération, nous perfusons le patient et lui administrons des drogues pour tenter de le soulager. La douleur est telle qu'il nous supplie de l'endormir. Cela n'est malheureusement pas possible, car sa position ne nous permet pas de l'intuber, c'est-à-dire d'introduire une sonde dans la trachée pour assister sa respiration. Or, lors d'une anesthésie générale, le risque de dépression des centres respiratoires est réel et nous ne pouvons nous aventurer. Nous recourons donc à des drogues antalgiques très efficaces, beaucoup plus puissantes que la morphine, qui parviendront finalement à diminuer sa douleur.

Le travail d'extraction du tracteur peut alors commencer. Les sapeurs-pompiers prennent d'infinies précautions, car à chaque centimètre, il est nécessaire d'étayer la machine pour éviter de briser le rachis cervical. La marge d'erreur est nulle. L'opération dure de longues minutes durant lesquelles nous entendons la fanfare, les applaudissements et les cris de joie qui montent de la fête. Quel contraste avec ce champ où la douleur et le risque sont à leur paroxysme !

Lorsque le tracteur est solidement soutenu, le lieutenant des sapeurs-pompiers propose de tenter une élévation. D'après ses calculs, même si le tracteur glisse, il n'y a plus de risque pour le rachis cervical de l'agriculteur. On décide d'opérer le plus rapidement possible, au cas où les calculs ne seraient pas certains. Le tracteur est soulevé ; il ne glisse pas. Le patient est extrait en quelques secondes et installé dans le véhicule des sapeurs-pompiers. La douleur régresse immédiatement, car allégée de ce poids qui comprimait de façon continue le cou et l'épaule. L'examen qui suit montre un déficit neurologique franc au niveau d'un membre supérieur, le plexus nerveux, qui se situe près de l'épaule, ayant dû être écrasé… L'examen du thorax est rassurant. Nous finissons de conditionner le patient et nous dirigeons vers le centre hospitalier pour faire un bilan plus précis.

Quelques semaines plus tard, un jour où je ne travaille pas, cet homme passe au SAMU pour exprimer ses remerciements. Son bras est presque totalement remis. Il montre infiniment de reconnaissance envers le personnel des urgences. Il laisse à mon attention un mot d'une grande gentillesse, très touchant. Le soir même, l'infirmier anesthésiste qui avait participé à l'intervention m'appelle pour me donner des nouvelles, me transmettre ces encouragements et me dire qu'il m'adresse la lettre.

Je me souviens que, ce soir-là, je rentrais d'une mission à l'étranger et me sentais exténué par un vol de retour sans sommeil. Au bout de quelques secondes d'échanges, comme par enchantement, j'étais en pleine forme et ne sentais plus le poids de la fatigue. Le souvenir de l'issue heureuse, allié aux encouragements, m'avait redonné une énergie d'autant plus puissante qu'elle était inattendue.

DÉBOIRES À BAMAKO

Un lundi, vers midi, je pars avec un infirmier pour le Mali dans le but de rapatrier une jeune fille de 21 ans qui a fait une chute sévère en brousse et qui serait hospitalisée depuis à l'hôpital de Bamako. Le médecin régulateur qui a diligenté les secours souhaite un avis rapide sur l'état de la jeune fille dès notre arrivée, craignant que les moyens prévus pour le retour, une civière sur un avion de ligne, ne soient pas suffisants.

À l'aéroport de Bamako, je retrouve la chaleur caractéristique de l'Afrique, à la fin de la saison sèche… Un homme jeune nous attend et nous conduit dans le centre de Bamako, où un autre véhicule doit nous récupérer, car la première voiture n'est pas assez puissante pour monter la côte qu'il faut emprunter pour gagner l'hôpital. Après quelques minutes d'attente, une voiture à même de gravir la côte arrive. Nous démarrons, mais très vite, un nid-de-poule a raison d'une jante, nous stoppant nets dans notre périple. Il est illusoire d'utiliser la roue de secours, car celle-ci ne correspond pas au véhicule et ne peut donc être montée. Il faudra récupérer la roue d'une autre voiture pour poursuivre.

Enfin parvenu à l'hôpital, je me rends au chevet de la jeune fille, dont je consulte les radiographies. Elle présente une fracture du bassin, mais l'examen clinique est plutôt rassurant, aucun signe évocateur de lésion d'organes abdominaux n'étant associé. Il en est de même sur le plan neurologique. La jeune fille pourra donc être rapatriée le lendemain sur une civière, à bord d'un vol régulier. Sur ce point, je peux rassurer le médecin régulateur.

Le lendemain matin, je retourne à l'hôpital pour m'assurer de la stabilité de la patiente et lui confirmer son retour en France, par le vol du soir. À l'heure dite, nous démarrons le transfert en l'installant sur un matelas coquille, lui-même placé dans une barquette de plastique rigide. Cette précaution supplémentaire vise à réduire au maximum les douleurs liées aux lésions osseuses. Nous conduisons en ambulance jusqu'à l'aéroport la jeune patiente, perfusée et installée dans sa gangue protectrice.

En cette fin de journée, dans les rues de Bamako, qu'une sorte de brume de poussière et de chaleur environne, il est d'autant plus difficile de se frayer un passage que le klaxon et les gyrophares sont inopérants. Au bout de quelques kilomètres, parcourus à grand-peine, plusieurs alarmes du tableau de bord de l'ambulance virent au rouge. L'ambulancier, serein et charmant, tente de répondre à nos questions pressantes. Pas de problème, c'est juste que le véhicule chauffe ! Imperturbable et visiblement habitué aux caprices de sa mécanique, il descend, prend deux bouteilles d'eau qu'il verse dans le radiateur et nous repartons, comme si de rien n'était. Dans mon for intérieur, je me fais la remarque qu'il avait raison de ne pas s'inquiéter.

Il fait horriblement chaud. La chaleur est suffocante, assommante. Quoique nous fassions, nous ne pouvons lui échapper. Nous la ressentons d'autant plus fortement que ce court séjour sur le territoire malien ne nous laisse nullement le temps de nous acclimater. C'est d'ailleurs une constante de ce métier. Le véhicule chauffe de nouveau. Sa soif semble ne jamais pouvoir être assouvie dans cet environnement brûlant. Après un nouvel arrêt, nous parvenons enfin à l'aéroport. Les formalités se déroulent idéalement et nous nous retrouvons bientôt sur le tarmac, au pied de l'avion. Il nous faut encore hisser la jeune patiente dans la cabine. Heureusement, un système d'élévation automatique est disponible et semble en parfait état de fonctionnement. Nous y prenons tous place, avec notre jeune patiente.

À cinquante centimètres au-dessus du sol, le système subit une défaillance et nous laisse choir sèchement sur le tarmac. Heureusement, j'avais augmenté la dose des médicaments antalgiques en perspective des secousses prévisibles du transport. Aussi, la patiente somnole, s'apercevant à peine de la chute. C'est finalement par la passerelle que nous accédons à l'avion. Et là, d'un seul coup, nous nous retrouvons dans un milieu climatisé, à température idéale. Je ne sais si ce qui me frappait le plus était l'épuisement que je ressentais après tant de déboires ou le soulagement de pouvoir travailler dans des conditions redevenues optimales. Le vol vers Paris se fera sans trop de difficultés, la patiente restant stable et ne souffrant pas excessivement.

Arrivés à Paris à l'aube, nous nous dirigeons en ambulance vers le centre hospitalier de son lieu de résidence. Vers midi, nous sommes accueillis très chaleureusement par le père de la patiente, chirurgien orthopédique dans l'hôpital en question. Cet homme, dont on comprend la légitime inquiétude, embrasse sa fille et me demande la possibilité d'examiner rapidement ses radios. Il demande à son assistant de faire le point et se tourne alors vers l'infirmier et moi-même pour s'enquérir de notre état. Nos traits tirés l'ont frappé. Aussi, avec la délicatesse des gens bien éduqués, il nous invite à déjeuner, histoire, dit-il, de nous permettre de récupérer un peu avant de repartir.

Nous passons en sa compagnie un moment extrêmement agréable, l'un de ces instants rares où les circonstances impriment une atmosphère composée d'attention, de légèreté, laissant naître une sorte de complicité inattendue. À aucun moment du repas il ne verbalise son inquiétude pour sa fille. Il s'enquiert simplement des conditions de notre périple et des aléas qui ont marqué la mission. Au moment du départ, plein de révérence et de reconnaissance, il félicite l'équipe pour son sérieux et son professionnalisme. Il nous a permis de passer un moment agréable, véritable contrepoids aux déboires que nous avions rencontrés. Ses mots justes et bienveillants les avaient effacés d'un trait ! Quelle énergie pour les missions à venir !

LA FORCE DES ENCOURAGEMENTS

À l'échelle de l'enfant, il suffit d'écouter un écolier parler des compliments faits par la maîtresse pour en mesurer l'importance. Et que dire de l'effet des encouragements prodigués par un professeur à un collégien ? N'est-ce pas souvent ce qui incite l'élève à s'investir davantage, à obtenir de meilleurs résultats et à découvrir le plaisir de travailler ? Et l'effet dure très longtemps !

Je me souviens encore aujourd'hui des compliments qu'un professeur de rhumatologie m'avait adressés suite à un travail qu'il m'avait demandé de présenter lors d'un « staff » sur une maladie touchant la moelle épinière, la myélomalacie. Alors que j'avais passé la nuit à préparer le document, il avait été on ne peut plus élogieux devant toute son équipe. J'y ai souvent repensé et puisé l'énergie nécessaire à l'action lorsque celle-ci était difficile, bien des années plus tard. Et c'est encore valable, aujourd'hui ! Et, à bien y réfléchir, chacun d'entre nous a de tels souvenirs.

Dans le monde de l'entreprise, le besoin d'encouragements est là aussi majeur et constitue un puissant facteur de motivation.

Or, force est de constater que trop souvent, une forme de réserve ou de méprise rend ces pratiques trop rares, particulièrement dans les entreprises françaises. Je me souviens d'une jeune femme qui m'expliquait un jour, qu'après avoir informé son président d'un succès dont elle était fière, elle avait été terriblement meurtrie par une réponse lapidaire tenant en deux mots : « *Très bien.* » C'était bien juste pour réagir à l'annonce un marché colossal !

J'ai également en mémoire la remarque de cette autre salariée d'une cinquantaine d'années qui, lors d'une mission que m'avait confiée un grand groupe industriel, abondait dans mon sens sur l'importance des encouragements : « *L'action de notre service a fait l'objet d'une évaluation. Sur l'ensemble des politiques examinées et notées, nous avons obtenu la meilleure note. Les résultats ont été présentés en comité exécutif, mais celui-ci a décidé de ne pas les divulguer. J'ai été terriblement déçue, car j'y voyais une occasion de motiver les troupes, des hommes et des femmes qui se donnent à fond pour leur travail. On a besoin d'être encouragé de temps en temps.* »

Enfin, cette remarque d'un syndicaliste, rencontré en région parisienne, est elle aussi révélatrice : « *Lorsque je fais une erreur, je trouve normal de me faire engueuler. Lorsque je bosse bien plusieurs jours de suite, je trouverais tout aussi normal d'être félicité. Mais cela ne se produit jamais.* »

En outre, dans les périodes de crise, les psychismes sont encore plus soumis à rude épreuve. Or, il est intéressant de rappeler qu'une étude[1] a montré que les encouragements au travail avaient un net effet protecteur contre les troubles psychiques.

À l'inverse, les résultats montrent qu'une absence de soutien augmente le niveau de stress et d'anxiété de 31 % chez les hommes et de 43 % chez les femmes. Il n'est donc pas étonnant qu'en tant de crise, les encouragements soient autant appréciés.

Mais aussi importants soient-ils, il est désolant de constater que les encouragements se fassent aussi relativement rares à l'échelle

---

1. Stansfeld, S. A., Fuhrer, R., Head, J., Ferrie, J., Shipley, M., « Work and psychiatric disorder in the Whitehall II Study », *Journal of psychosomatic research*, juillet 1997, Vol. 43, N° 1, 73-81.

de la société. Ils existent lorsque des citoyens ont des comportements exemplaires, font preuve de courage ou pour couronner des années d'activité ou une fin de carrière. Ils subsistent dans certains domaines qui font appel à un important engagement personnel, en matière sportive par exemple ou dans l'armée. Leur pratique, quelquefois tournée en dérision, n'a rien de surannée et leur instauration reposait en fait à l'origine sur une fine connaissance des ressorts humains.

Ce que notre société a su imaginer un temps, pourquoi ne serait-elle pas capable d'en renouveler les pratiques et les formes ? Les développer en recourant à des formes modernes de valorisation ne pourrait qu'avoir des effets bénéfiques. En cas de crise économique et de période de grandes difficultés professionnelles, ces gestes de reconnaissance permettent de rééquilibrer le moral des personnes confrontées à la crise. En résumé, plus les temps sont durs, plus il faut encourager.

Être optimiste

Comme beaucoup de médecins passionnés par la gestion de l'urgence, j'ai exercé la médecine durant plusieurs années dans un cadre humanitaire. À mes débuts, je me revois pétri de convictions. Je suis entre autres convaincu que la médecine est simple par rapport à la complexité de l'organisme. Elle obéit à des grandes règles. Elle revêt alors pour moi un côté fatalement rationnel.

Avec quelques années de recul, mes convictions relatives à la complexité de l'organisme, étayées par quelques expériences probantes sont toujours intactes. En revanche, sous l'effet de la pratique, ma perception de la médecine a beaucoup évolué…

L'ENFANT ET LE COTON

J'ai conduit plusieurs missions, durant six ans au Burkina Faso, dans un petit village de brousse à environ quatre-vingts kilomètres de Bobo-Dioulasso, la deuxième ville du pays. Là, au cœur de l'Afrique, dans ce qu'elle possède de plus magnifique à vivre, la beauté, la chaleur humaine et la simplicité, rien ne va de soi. Pas d'électricité, pas d'eau courante, pas de biologie, peu de médicaments, peu de matériel !

Pour celui qui vient d'un pays qui regorge de tout, ce qui frappe, c'est le manque. Dans le dispensaire où nous avons établi notre base, nous ne disposons que des médicaments et du matériel collectés en France et que nous avons acheminés par nos propres moyens ; de quoi assurer un mois de soins. Les « consultations » commencent à sept heures le matin et se poursuivent jusqu'à dix-neuf heures. Les patients, souvent venus de loin, attendent parfois plusieurs jours avant de pouvoir consulter. La nuit, ils dorment à même le sol, sans que nous puissions améliorer ces conditions qui me choquent profondément.

C'est dans ce contexte de dénuement extrême, qu'un jour, vers onze heures, on m'amène un enfant d'une dizaine d'années qui présente des plaies purulentes au niveau des deux membres inférieurs. Je dois concéder que, depuis, je n'ai plus jamais revu des plaies dans un tel état putride. L'infirmier burkinabé qui m'assiste me sert aussi de traducteur. Il m'explique qu'il y a une dizaine de jours, cet enfant jouait dans un enclos où était entreposé du coton. Celui-ci a pris feu, d'où les brûlures profondes qui, depuis dix jours ont largement eu le temps de se surinfecter. La peau est nécrosée et les tissus sous-cutanés sont recouverts d'une épaisse couche de pus. L'enfant est fébrile, preuve du passage de bactéries dans le sang. Il est également déshydraté. Sa tension est basse. Il ne peut plus bouger en raison de la douleur déclenchée par le moindre mouvement.

Sur le plan médical, la conduite à tenir est simple : il faut enlever les parties de peau nécrotiques, c'est-à-dire pratiquement l'intégralité de la peau recouvrant les deux membres inférieurs, laver les tissus et les protéger, traiter l'infection, contenir la douleur et réhydrater l'enfant. Je procède à chacun des gestes requis : perfusion, injection de médicaments anti-douleur et d'antibiotiques. J'attends un peu avant de m'occuper des jambes, car cette situation inédite demande réflexion avant d'agir. À vrai dire, la situation est très pessimiste. Objectivement, les chances de survie de cet enfant sont minimes. Mais je me lance dans le nettoyage des plaies, balayant d'un revers ces doutes qui ne devaient plus s'immiscer dans mon esprit.

La douleur, calmée par des morphiniques, aide le silence à s'installer, servant ainsi ma concentration. En présence de la mère, qui scrute chacun de mes gestes, je fais au mieux, sans plus me poser de question sur l'issue. L'enfant a dû, à certains moments, endurer des souffrances importantes, mais jamais il ne me l'a montré. Pas le moindre cri, pas le moindre mouvement de retrait ne sont venus le signifier. Tout au plus, par moments, seule une petite grimace, un petit rictus, crispe son visage. Après cinq heures de soins, les deux jambes sont propres, mais, totalement dépecées, soigneusement enveloppées dans plusieurs couches de bandes de gaze imprégnées de corps gras, elles-mêmes emmaillotées dans d'autres bandes. Je décide de garder l'enfant sous la main, en observation, dans une pièce dédiée à l'« hospitalisation » des patients les plus gravement atteints.

Pour l'y transférer, je prends dans mes bras cet enfant léger comme un oiseau malgré son âge. Pour la première fois, il verse de grosses larmes qui noient ses yeux immenses. Avec l'aide de l'infirmier, je lui demande alors s'il a mal. Il ne souffre pas trop visiblement. La mère, toujours présente, profite de la conversation pour ajouter un mot. Elle me remercie. Je lui précise que je passerai voir son fils plus tard, pour vérifier les perfusions, afin qu'elles ne se terminent pas en plein milieu de la nuit.

Après l'effort, se retrouver avec toute l'équipe de la mission autour d'une délicieuse pintade grillée, achetée aux villageois, relève de la nécessité. Il faut dire que les moments de détente du soir, sous le ciel africain, au cœur d'une brousse bruissant de ses mystères, sont merveilleux. Il fait nettement moins chaud et, comme nous sommes à la saison sèche, il n'y a pas de moustiques.

J'ai le sentiment d'avoir bien travaillé et pourtant, je suis inquiet pour l'enfant.

Vers vingt-deux heures, je repasse le voir et, sans l'aide de mon traducteur, rentré chez lui, je m'enquiers de la douleur. Mais mon dioula, rudimentaire et mal assuré, ne me permet pas de différencier le « oui » du « non », trop proches en termes de sonorité. En tout cas, il est moins fébrile et a l'air plus serein. En revanche, il ne s'alimente toujours pas.

Dans la nuit, la maman frappe à la porte du lieu qui nous sert d'hébergement. Elle me fait signe de venir vite. J'ai très peur de ce que je vais constater. Finalement, je suis soulagé de voir que c'était seulement la perfusion qui était à l'origine de l'alerte. Plus rapide qu'escomptée, elle s'est terminée avant l'heure prévue. L'enfant quant à lui, dort et paraît bien. De retour dans le dortoir, je repense alors à la crainte qui m'a saisi : c'est bien la première fois qu'une perfusion provoque chez moi une telle peur.

Quelques jours plus tard, le garçon peut quitter le dispensaire en marchant, avec pour seule séquelle une pigmentation encore légèrement altérée… Il a terrassé son infection et ses plaies ont cicatrisé à vive allure. Et cependant, lorsque j'ai vu cet enfant pour la première fois, qu'il survive dans des conditions d'hygiène sommaires, alors qu'il est victime d'une infection majeure, me paraissait impossible…

UN GENOU EXTRAORDINAIREMENT GONFLÉ

Quelques années plus tard, au cours d'une autre mission en Afrique, une jeune fille d'une quinzaine d'années se présente un jour au dispensaire. Elle avance péniblement en sautillant, car elle ne peut s'appuyer que sur une seule de ses jambes. Son genou droit est énorme et lui fait endurer d'horribles douleurs qui l'empêchent de dormir. Le genou est chaud et contient manifestement du liquide en quantité importante. Je décide alors, avec les moyens du bord, de procéder à une ponction pour mieux comprendre.

La jeune fille s'installe sur la table en béton qui me sert de table d'examen. C'est alors que loin des règles d'asepsie exigées en Europe, je pratique une anesthésie locale un peu étendue et enfonce une aiguille dans la cavité articulaire. Un pus épais revient immédiatement et en quantité importante dans la seringue. L'infection de l'articulation du genou droit est manifeste. Je suis contraint d'utiliser un trocart de plus gros diamètre pour parvenir à aspirer le liquide pâteux. Je retire plusieurs seringues de pus et finalement parviens à « laver » l'articulation avec une solution composée d'un mélange de sérum physiologique et d'antibiotique. Après plusieurs lavages, le liquide revient plus clair…

En pareil cas, un drain ainsi qu'un flacon d'aspiration sont nécessaires. Mais je n'ai aucun de ces matériels sous la main. Qu'à cela ne tienne ! La rudesse des conditions est une invitation à la créativité. Je décide alors de transformer une tubulure de perfusion en drain et vide un flacon de perfusion à l'aide d'une seringue pour en faire un « redon ». Le genou est enveloppé d'un tulle enduit d'un antiseptique iodé, fixé par une bande élastique. La jeune fille reste perfusée et reçoit plusieurs antibiotiques.

L'infirmier burkinabé qui m'assiste est un homme jeune, sympathique et d'un dévouement exemplaire. Il a une activité très large, étant le seul personnel de santé des environs. Il s'avoue pessimiste s'agissant de la jeune fille. Il me dit : « *Elle ne remarchera pas. Au mieux, si on parvient à juguler l'infection, elle survivra mais son articulation sera raide.* » Son jugement est assez logique. Encore faut-il juguler l'infection…

Cinq jours plus tard, le drain peut être retiré. Le genou n'a pas regonflé, l'infection paraît alors sur le point d'être contrôlée. Les germes semblent ne pas résister à la double antibiothérapie. Devant ces premiers signes encourageants, nous maintenons le traitement pendant douze jours, à l'issue desquels la jeune fille peut regagner son domicile, assise sur le porte-bagages du vélo de son frère. Elle ne marche pas, mais son articulation n'est pas non plus complètement figée.

Lorsque j'ai revu cette jeune fille lors de mon séjour suivant au Burkina Faso, son articulation n'avait pas récupéré toute sa mobilité. Mais celle-ci était suffisante pour lui permettre de marcher sans l'aide d'une canne. Le premier jour où je m'étais occupé de cette jeune patiente, cela ne me semblait même pas... envisageable !

> L'optimisme, en médecine, aide à croire en l'impossible et parfois ce qui ne semble pas possible se réalise...

Le point commun de ces deux expériences réside dans une forme d'optimisme délibéré, en me forçant à croire que le traitement pouvait être efficace. Placé dans de telles dispositions d'esprit, il me semble que l'on se donne plus à fond, laissant moins de marge à l'erreur et l'autre le ressent, lit l'espoir dans vos gestes et se met à espérer. L'enfant et la jeune fille avaient réchappé à une situation qui les condamnait à coup sûr. La médecine ne se résume pas à une simple mécanique, car elle implique les êtres humains. L'optimisme en médecine est indéniablement l'une des composantes de l'humanisme.

Depuis ces expériences, vécues en Afrique – où elles s'expriment de manière encore plus spectaculaire, car tout fait défaut –, j'agis toujours de la sorte. Maintes fois, j'ai pu constater que des patients pouvaient guérir alors que leur cas semblait objectivement désespéré. Mais ces histoires et leurs enseignements dépassent largement le seul exercice de la médecine. Ils se reproduisent dans tous les domaines ! Nous avons tous des exemples en mémoire. Ils font écho à cette célèbre formule du philosophe Alain, qui éclaire à merveille le sujet : « *Le pessimisme est d'humeur, l'optimisme de volonté…* »

PLAIDOIRIE EN FAVEUR DE L'OPTIMISME À L'ÉCOLE

Postulons que l'optimisme constitue également un atout précieux à l'école. Comment cela se peut-il ? Se représenter positivement et avec confiance l'avenir incite volontiers l'enfant ou l'adolescent à choisir une voie davantage en fonction de son envie que de ses résultats. Il ne s'agit bien sûr pas d'encourager des rêves improbables qui déplairaient profondément aux conseillers d'orientation avisés, mais de laisser ouvert le champ des possibles.

Et, là encore, mon expérience me fournit de nombreux exemples où le fait d'avoir montré de l'optimisme a permis à des enfants de réussir.

Je me souviens d'un collégien de 14 ans dont les résultats scolaires inquiétaient son père. Ce garçon me demande un jour s'il me paraît possible qu'il devienne médecin. Ses résultats sont loin de plaider en la faveur de cette hypothèse. Mais parce qu'il semble motivé et prêt à faire des efforts, ma réponse, solidement argumentée et assujettie à un ensemble de conditions, est affirmative. Je prends le pari que son envie, associée au maintien d'une solide motivation, contribuera à l'aider à se mobiliser. Ses résultats s'améliorèrent assez rapidement et il est devenu… ingénieur ! Un ingénieur reconnu dans son entreprise industrielle.

Comme déjà évoqué précédemment, il est un fait que notre cerveau montre une attirance plus forte pour tout ce qui est négatif. Il faut grandement se méfier, car cette inclinaison, fréquemment frappée du sceau de la Raison, nous pousse naturellement au pessimisme. Une objectivation poussée à l'extrême rend souvent les succès improbables. On a tous en mémoire des propos qui vantaient la qualité de vie des temps anciens, bien supérieure à celle de notre époque. Mais, en disant cela, sans y prendre garde, le message délivré à nos enfants martèle que leur avenir sera, à l'image d'un ciel d'orage, couvert, obscur et menaçant. Qui a envie d'agir avec ardeur pour aller vers un tel avenir ?

OPTIMISME ET ENGAGEMENT

Dans l'entreprise, l'optimisme est le trait commun de nombre de dirigeants dont les fonctions nécessitent une aptitude à la projection dans l'avenir ; en résumé, une vision, une énergie hors norme, une stratégie de développement et une capacité à entraîner.

Si, à l'inverse, le « top management » a perdu le souffle, l'entreprise perd en efficacité. C'est la raison pour laquelle il faut fixer des objectifs, les exposer avec passion et les faire partager. Chaque salarié doit en effet penser que son action peut contribuer à les atteindre et comprendre qu'il peut jouer un rôle essentiel. L'optimisme est en effet d'autant plus efficace qu'il est souvent source d'un engagement exceptionnel. Il ne s'agit pas d'être optimiste pour ne pas voir l'avenir tel qu'il est, il s'agit d'être optimiste pour être capable de transformer les soucis en défis. Or, si les soucis nous abîment, les défis nous subliment.

À l'image de ce que l'optimisme est capable de provoquer dans les situations d'urgence médicale, son utilité se fait d'autant plus ressentir que la situation est délicate. Il est capable d'effets insoupçonnés, car il fait appel à des ressources enfouies tant individuelles que collectives – à l'échelle d'une organisation ou de la société – dont l'activation laisse penser que c'est justement parce que c'était impossible qu'on a réussi. Lorsque le 21 mai 1961, le président américain John Fitzgerald Kennedy fait cette déclaration solennelle, « *Nous enverrons un homme sur la Lune* », les États-Unis n'avaient pas les technologies nécessaires. Cependant, huit ans plus tard, le 21 juillet 1969, Neil Armstrong et Buzz Aldrin marchent sur la Lune.

En outre, pour le médecin, l'optimisme, nécessaire dans tous les domaines, est un puissant facteur de protection contre la toxicité du stress. Dans leur ouvrage cité plus haut, *Le stress permanent*, les docteurs Pierre et Henri Lôo le résument à merveille : « *La personnalité optimiste intervient comme appoint correcteur du stress.* » Une belle raison supplémentaire de cultiver l'optimisme !

Chapitre 4

Percevoir sa propre utilité...

TROIS VIES SAUVÉES... OU UNE JOURNÉE AU SAMU

Infarctus

Il est treize heures et la garde commence juste. À peine ai-je endossé ma tenue du SAMU qu'il faut partir en intervention. Un homme, retrouvé dans son jardin par son voisin, est incapable de regagner son domicile. Nous avons une vingtaine de kilomètres à parcourir et pendant le temps du trajet, l'infirmier anesthésiste s'active déjà et prépare le matériel usuel dont nous avons quasiment besoin lors de toute intervention.

C'est un homme remarquable, qui travaille au SAMU depuis une quinzaine d'années. Autant dire que c'est un passionné. J'y repense et revois son visage concentré, ses mains réalisant avec précision des gestes accomplis mille fois. Il prépare la perfusion qu'il utilisera dès l'arrivée. Chez lui, et je ne sais expliquer pourquoi, le trajet prenait la tournure d'un curieux rituel. Il y avait quelque chose, une dimension conférée par ses habitudes maintes fois éprouvées. Autant dire que le début de l'intervention, une fois arrivés sur place, était d'une grande efficacité et permettait souvent de gagner un temps précieux.

Dans le cas présent, notre homme est immobile dans son jardin. Nous sommes frappés par son teint terreux. Il parvient à peine à bredouiller quelques mots et, avec son menton, désigne sa poitrine. Sa tension est très basse, aux environs de soixante-dix millimètres de mercure pour la donnée maxima. L'auscultation retrouve un cœur régulier, mais un œdème pulmonaire. Cela signifie que le cœur est inefficace et que du sérum est passée depuis le sang vers les alvéoles pulmonaires.

Lorsque j'ai terminé mon examen, le patient est perfusé, le matériel nécessaire est à portée de main et l'électrocardiogramme a été effectué par l'ambulancier ; en un temps record, le verdict peut tomber. Il s'agit d'un infarctus étendu ; c'est lui qui, par inefficacité du cœur, entraîne l'insuffisance cardiaque. Des drogues sont administrées et, malgré une nette amélioration, l'état du patient reste d'une grande instabilité. Une dilatation de la coronaire obstruée est indispensable et nécessite de recourir à un transfert en hélicoptère, vers le CHU voisin. Le soir même, notre homme est dans un état incomparable. On a l'impression d'avoir fait du bon travail et le sentiment du devoir accompli...

Hypertension

Le même jour, nous sommes invités par un médecin généraliste à nous rendre au chevet d'une patiente qui présente de violents maux de tête et des troubles de l'équilibre. Une hypertension artérielle maligne pousse le mercure à 280/160 millimètres. En quelques minutes, nous sommes sur place et là encore, l'anticipation et le systématisme de l'équipe s'avèrent payants. En quelques minutes, elle est perfusée et l'électrocardiogramme est réalisé par l'équipe, ce qui me laisse du temps pour parler avec cette femme et mieux comprendre la situation.

Très vite, elle se livre et me fait part des énormes soucis qui troublent son sommeil. Elle ne parvient plus à s'alimenter tant elle est angoissée. Des drogues spécifiques au traitement de l'hypertension sont administrées ; sans grand effet. En revanche, les médicaments contre l'angoisse sont vite efficaces, ramenant, en quelques dizaines de minutes, la tension artérielle à des valeurs proches de la normale. Cette patiente est finalement transférée dans un service de cardiologie pour qu'un bilan cardio-vasculaire soit réalisé et que sa tension et son angoisse soient traitées. Notre mission est accomplie et nous procure des raisons de satisfaction.

Œdème du poumon

Deux heures plus tard, une dame dont le mari étouffe nous appelle au secours. Il est « bleu » et ne peut plus parler. Dès l'arrivée, elle m'explique qu'invités chez des amis, il a modifié son traitement et volontairement supprimé les petits comprimés qu'il prend pour son cœur en raison de leur caractère diurétique. Durant le temps des explications, l'équipe agit toujours avec autant d'efficacité. Le patient est examiné, perfusé et son électrocardiogramme effectué. Ce dernier est normal. La pression artérielle est à 220/130 millimètres de mercure. Cet homme est en train de faire un œdème aigu du poumon. Ayant renoncé à son médicament permettant d'éliminer de l'eau, il y en a trop dans son sang et il est en train d'en envoyer dans ses alvéoles pulmonaires.

Un traitement classique est institué et, au bout de quelques minutes, il commence à retrouver une coloration plus rassurante. L'appareil qui mesure le taux d'oxygène dans le sang, l'oxymètre, témoigne de cette amélioration. Le patient recommence à parler, malgré la gêne occasionnée par son masque à oxygène. Une fois stabilisé, ce patient est hospitalisé, histoire de le surveiller durant une journée. Il quittera l'hôpital sur ses jambes.

Ce même jour, après ces trois succès, on n'a aucun doute sur l'utilité de son activité et sur le fait qu'on y joue un rôle personnel essentiel. On ressent alors une sorte de satisfaction intérieure intense, une forme d'équilibre profond résultant d'un engagement où il est impossible de faire l'économie d'y mettre une part de soi-même et d'un des actes les plus beaux qui soit : sauver des vies.

Ces issues heureuses, chaque fois qu'elles se produisent, apparaissent comme une réminiscence de la vocation, constituent un ressourcement où puiser une nouvelle énergie précieuse à la reviviscence de la passion pour la médecine d'urgence. Se sentir utile, c'est fortifier le souffle qui permettra d'affronter des jours souvent moins heureux. On comprend alors pourquoi la perception de sa propre utilité est si importante en médecine, et bien au-delà !

DE L'INTÉRÊT D'AIDER L'ÉLÈVE À PRENDRE CONSCIENCE DE L'UTILITÉ DE SES EFFORTS...

Les jeunes sont particulièrement prompts au découragement lorsque le travail réalisé ne se traduit pas immédiatement par un succès. La tendance au désinvestissement est d'autant plus rapide qu'ils ne perçoivent pas l'utilité de leur travail.

Une jeune patiente m'expliquait que dans la mesure où elle avait récolté un cinq sur vingt après avoir travaillé plus que de coutume, il ne servait plus à rien qu'elle s'investisse puisque cela ne changeait rien. Le renoncement à la séance de cinéma programmée avec les copines faisait alors figure de grand sacrifice.

Avec le temps, seul un niveau de maturité suffisant permet d'acquérir le recul nécessaire pour se dire qu'une action dans la durée est souvent nécessaire pour cueillir le fruit de ses efforts. Un peu à l'image d'un agriculteur semant son champ, qui ne pourra réaliser sa récolte qu'au bout de plusieurs mois… Il appartient aux adultes de faire passer ce message. Même s'ils se heurtent à de vives dénégations, sa constance et sa répétition finiront immanquablement par marquer les esprits de nos jeunes impatients, jusqu'au jour où un heureux résultat fera figure de démonstration probante.

DE LA PERCEPTION DE L'UTILITÉ DE SON TRAVAIL DANS L'ENTREPRISE

Que ce soit vis-à-vis de ses collègues, de son service ou bien encore de son entreprise, il est tout aussi fondamental que le salarié prenne conscience de l'utilité de son activité.

Les réactions humaines s'activent selon les mêmes mécanismes, dans les mêmes conditions et produisent les mêmes effets, quelles que soient les situations. Pourquoi voudrions-nous que les réactions diffèrent selon que nous sommes dans le cadre de notre vie privée, à l'école ou sur notre lieu de travail ?

Que cela nous plaise ou non, l'être humain est un Tout. Il doit être apprécié dans sa globalité, avec ses qualités et ses contraintes. Il ne peut, par commodité, être désarticulé et découpé, en ne retenant, selon les situations, que les seuls aspects qui nous arrangent… Sinon, nous risquons de faire gravement fausse route. Ce qui met en marche, motive ou à l'inverse démobilise et désespère s'exprime de la même manière dans toutes les situations de la vie.

À l'hôpital, un exemple m'a toujours frappé. C'est celui des aides-soignantes. Leur activité, livrée aux gestes quotidiens, aurait sans doute bien du mal, à lui seul, à maintenir un niveau de motivation élevé. Or, j'ai souvent observé qu'il n'en était rien. Dans le métier d'aide-soignante, la relation avec le patient est très riche. L'aide-soignante est sans doute, plus que tout autre personnel soignant, proche de la personne hospitalisée. Elle passe plus souvent la voir et se voit souvent confier des informations qui s'avèrent indispensables à l'efficacité de la prise en charge. Par exemple, en prévenant l'interne que tel patient débute une réaction cutanée au niveau du dos, détectée à l'occasion de la toilette, l'aide-soignante vivra ce geste comme une contribution efficace à la prise en charge du malade. Sans elle, cette allergie, si elle s'était développée, aurait pu avoir de fâcheuses incidences.

Dans le cadre d'un travail d'équipe tel qu'il est requis dans un service hospitalier, tous les gestes ont une double signification : ils sont importants pour ce qu'ils sont et revêtent en outre un sens important, car ils concourent tous à l'acte de guérison. Alors que l'observation de ce type de dynamique positive, capable de s'installer dans un secteur où les conditions de travail sont parfois difficiles, m'a toujours marqué, j'ai récemment trouvé son explication, explicitée dans un texte du Professeur de médecine du travail Philippe Davezies, intitulé « Travail et Santé ». Il apporte une explication médicale à ce phénomène : « *La perception de l'activité d'autrui active, dans le cerveau, des réseaux de neurones qui réagissent à cette activité de la même façon que s'il s'agissait de la propre activité du sujet sur cet objet.* » Prosaïquement, si on facilite l'activité de son collègue grâce à son propre travail, on en retire la même satisfaction que lui.

Et lorsque son activité est profitable à la société et qu'elle contribue au Bien commun, le bénéfice de ce mécanisme se trouve encore renforcé. Étudiant les liens entre intérêt personnel et intérêt général, Henri Bergson a décrit depuis longtemps cette interaction : « *Le pur intérêt personnel est devenu à peu près indéfinissable, tant il y entre d'intérêt général, tant il est difficile de les isoler l'un de l'autre.* »

Si l'on prend deux groupes qui ne disposent pas du temps nécessaire à l'accomplissement d'une mission qui leur est confiée, le groupe qui, malgré les contraintes, essayera envers et contre tout de mener à bien sa mission, sera moins affecté sur le plan de la santé que le groupe qui, considérant les conditions intenables, accepte l'idée de bâcler son activité. Ces derniers intègrent et acceptent le principe que leur action sera parfaitement inutile. Ils n'en retirent donc aucun bénéfice, aucune satisfaction. Ils n'intériorisent pas l'expérience de la même manière que le premier groupe qui a le sentiment d'avoir fait son possible et accompli son devoir.

La perception de sa propre utilité revêt une importance accrue pour résister aux crises. Elle constitue en effet un vecteur de motivation extrêmement puissant qui, par effet induit, contribue à diminuer la toxicité du stress.

Chapitre 5

Avoir de la liberté d'action...

MISSION DÉLICATE À MEXICO

Il est dix-huit heures lorsqu'avec une infirmière, nous débarquons à Mexico pour nous rendre dans une ville à quatre-vingts kilomètres de la capitale. La capitale mexicaine est si peuplée et étendue que nous mettons un temps interminable pour atteindre le lieu de notre mission. Il est alors vingt et une heures, heure trop tardive pour visiter le patient que nous devons rapatrier.

Je n'aime pas cette situation, car d'expérience, je sais combien les personnes nous attendent lorsqu'elles savent qu'elles vont rentrer au pays pour y être soignées. Se trouver malade dans un pays où le plus souvent, elles ne comprennent pas la langue, est extrêmement angoissant. C'est pourquoi, le lendemain matin dès neuf heures nous sommes au chevet du patient, un retraité français s'étant rendu au Mexique pour y revoir des amis d'enfance… sans doute une dernière fois.

Au premier coup d'œil, je comprends qu'il faudrait nous raviser et revoir les conditions de montage du rapatriement. Pour le confort du malade, le rapatriement était prévu en classe affaires sur un vol long courrier. Mais le patient ne tient assis qu'une quinzaine de minutes au maximum. Ensuite, la douleur et la fatigue le contraignent à s'allonger. Cet homme souffre d'un cancer et doit être rapatrié en France pour recevoir des soins, auprès de sa famille.

L'examen clinique ne donne pas de signes très encourageants. Il fait état d'œdèmes des membres inférieurs. L'auscultation met en évidence des anomalies franches liées à la pathologie au niveau du poumon droit. La pression artérielle est basse, à 90/60 millimètres de mercure. Le taux d'oxygène dans le sang est légèrement en dessous de la limite inférieure de la normale… Concrètement, il nous faudra une civière et non pas une place assise en classe affaires pour rapatrier ce patient, avec de l'oxygène à bord en quantité suffisante pour obtenir en cas de besoin un débit de quatre litres par minutes.

Nous échangeons nos impressions entre collègues et décidons d'informer le patient de la situation. Il regrette de devoir attendre une journée supplémentaire avant de rentrer, mais se montre raisonnable et compréhensif. J'informe alors le médecin régulateur de la nécessité d'adapter les moyens. Cela signifie pour lui qu'il doit demander aux techniciens d'assistance de reprendre toutes les conditions logistiques du retour : annulation d'un vol, décalage du jour de départ de la clinique, nouvelles conditions de transfert vers l'aéroport à arrêter avec le correspondant mexicain, nouvelles réservations sur un autre vol présentant les conditions requises, nouveaux horaires d'arrivée dans le centre hospitalier qui prendra en charge le patient, une fois arrivé en France… Il va voir ce qui est possible et me tient au courant.

Quelques heures plus tard, il me précise qu'une civière peut être « montée » pour le lendemain soir, avec l'oxygène en quantité suffisante à bord. Il me précise aussi que, si cela me semble préférable, il peut affréter un avion sanitaire. Nous pesons les avantages et les inconvénients des deux hypothèses et restons, à ce stade, sur l'idée d'un retour sur une civière, à bord d'un vol long courrier. Par prudence, nous faisons un nouveau point à seize heures, c'est-à-dire à vingt-trois heures, heure française.

Nous repassons voir notre patient et lui confirmons que son retour est prévu le lendemain par le vol de vingt-trois heures, sur une civière, avec l'oxygène nécessaire. Nous lui précisons ses conditions de transfert vers l'aéroport, en prenant des marges suffisantes au regard des difficultés de circulation. Nous passerons le voir le lendemain matin vers dix heures pour s'assurer que tout se passe comme prévu. Finalement, le jour et à l'heure dits, son état est stable. Nous confirmons à notre régulation que la mission peut être poursuivie comme prévu la veille. Nous embarquons sans encombre et nous apprêtons à passer une nuit blanche, à veiller ce patient.

Cet homme est d'une grande courtoisie et, entre deux moments d'épuisement extrême, ne cesse de s'excuser de nous causer tant de difficultés. Nous le rassurons en lui expliquant que cela se produit régulièrement et que c'est notre métier… Ces missions à l'extérieur sont des sources de stress importantes : une fois en vol, il faut se débrouiller seul, quoi qu'il arrive… En outre, les variations de température, le décalage horaire et le vol en lui-même avec la sécheresse de l'air, la pression atmosphérique et le taux d'oxygène plus bas, fragilisent les organismes. En revanche, nous disposons d'une grande liberté : liberté de choix du moyen et du moment de rapatriement, liberté de décision thérapeutique… Et je garderai pour moi cette idée que cette liberté d'action n'a pas de prix !

MORSURE DE SERPENT EN BROUSSE

Il est vingt et une heures et nous sommes en train de commencer notre repas après une journée harassante, dans un village du sud du Burkina Faso. Un jeune homme d'une vingtaine d'années s'approche timidement. Il craint de nous déranger. Lorsqu'il est plus proche de nous, à son allure élancée et aux traits de son visage, je comprends qu'il s'agit d'un Peul, un homme issu d'une ethnie d'éleveurs nomades, présente dans plusieurs pays subsahariens. Il se déplace avec sa famille et son troupeau. Comme nous sommes à la saison chaude, les Peuls migrent surtout la nuit, car la température est plus acceptable.

Il s'adresse à moi dans sa langue, que je ne comprends pas. Le soir, l'équipe avait pris l'habitude de préparer le repas pour une vingtaine de personnes, car nous savions que des gamins du village, dénutris, étaient présents. C'est donc l'un d'entre eux qui fera office de traducteur. Ces moments d'échange avec eux étaient toujours très gais et instructifs… Ce sont eux qui, un soir, dans un immense éclat de rire, m'ont révélé que ce que nous avions pris pour du castor lors d'un précédant repas, n'était en fait qu'un énorme rat… Le jeune traducteur prend ce soir-là son rôle très au sérieux, car une vie en dépend. Il m'explique que l'épouse du Peul s'est fait mordre par une vipère et qu'elle se sent mal.

« Il demande si vous accepteriez de la voir ce soir. » L'homme est très inquiet, car les morsures de vipère provoquent dans ce pays des hémorragies diffuses, très brutales et souvent mortelles, faute de possibilité de soins. Nous ouvrons le dispensaire et redémarrons le groupe électrogène. La jeune femme, aidée par son mari, parvient jusqu'à la pièce qui servait de salle d'examen. Elle crache en permanence un mélange de salive et de sang. La toxine libérée par le venin du serpent a entrepris sa fatale action malgré son faible délai d'inoculation, moins d'une heure. Sa tension est basse, puisqu'elle se situe aux environs de 80/60 millimètres de mercure.

La patiente est très fatiguée. Je décide de la perfuser pour lui apporter des substances destinées à améliorer la coagulation et augmenter sa pression artérielle. Lorsque je la perfuse, le sang fuit autour du cathéter, tant il est fluide. Face à une telle situation, j'ai plusieurs possibilités d'action : soit attendre, en tentant de juguler les effets de la morsure avec le peu de moyens théra-peutiques dont je dispose ; soit transférer la patiente à l'hôpital de Bobo-Dioulasso ; soit aller chercher un sérum approprié dans cette même ville.

Par l'intermédiaire du traducteur, je discute de ces trois hypo-thèses avec le mari, qui m'explique très vite qu'il n'a pas les moyens financiers de payer l'hospitalisation de son épouse… Il ne reste donc plus que deux choix possibles : attendre sur place et espérer une issue favorable, objectivement peu réaliste, même s'il m'est déjà arrivé de sauver une autre jeune femme dans un cas similaire ou tenter de récupérer un sérum.

Tout à mes réflexions, je jette un rapide coup d'œil à la com-presse positionnée au niveau du cathéter. Elle est imbibée de sang et devant le risque de voir cette jeune femme de 18 ans mourir, je décide d'aller quérir le vaccin dans la ville voisine, à soixante-dix kilomètres, à bord de la 504 break beige que nous avions acquise sur place. Le traducteur et un membre de l'équipe m'accompagnent dans ce périple, en pleine nuit, à travers la brousse africaine.

Très rapidement, nous trouvons une pharmacie de garde qui possède le sérum adéquat qui doit, en revanche, être impérati-vement conservé au froid. Il nous faudra donc, en plus, courir la ville pour récupérer un pain de glace, en vue de conserver le flacon de sérum à bonne température. Ce détail auquel je n'avais pas pensé ajoute une énième difficulté, comme si une morsure de serpent, létale, dans un secteur hostile et manquant de médica-ments, ne suffisait pas à éprouver l'obstination. En réalité, je suis exténué par une journée de consultations démarrées très tôt le matin, usé par la chaleur à laquelle je ne suis pas encore totale-ment habitué en ce début de mission ; mais au fond, je sais que rien, ni personne ne m'a contraint à faire ce choix.

Je me concentre sur cette pensée qui m'apaise curieusement. La prise de conscience de l'expression de mon libre-arbitre, à ce moment précis, dans l'une des régions les plus pauvres de la planète, à plus de quatre mille kilomètres de mon pays, me rend plus serein. Je finis par apprécier ces moments dont je me souviendrai certainement toute ma vie. Je suis impatient de retourner au dispensaire. Et, de fait, il était temps, car la jeune femme n'est pas bien. Elle saigne davantage au niveau des gencives et sa tension n'est pas remontée.

J'accélère le débit de la perfusion censée corriger sa pression et je mets en place une autre voie veineuse pour passer le sérum que la chaleur, encore pesante malgré l'heure tardive, nous contraint de placer dans la glace. Dans un dernier obstacle, les vents contraires jettent leur dernière carte : nous ne disposons d'aucun outil adapté permettant de couper cet énorme bloc de glace. C'est alors que devant notre désarroi manifeste, le mari de la patiente dégaine l'impressionnante machette qu'il porte à la ceinture et coupe une tranche de glace comme s'il s'agissait d'une motte de beurre. Avec la même facilité et concentration, il réduit ensuite la tranche en glaçons idéalement dimensionnés. Les coups qu'il porte sont étonnamment précis et doux. L'opération terminée, le sérum salvateur peut enfin être installé. Il est déjà plus d'une heure du matin et je suis fatigué. Je demande au Peul de surveiller son épouse et de venir me réveiller deux heures plus tard.

À trois heures du matin, je retourne voir la patiente et constate qu'elle semble moins saigner des gencives ainsi qu'au niveau de ses cathéters. Le sérum n'est pas encore terminé et la tension atteint 90/60 millimètres de mercure. J'explique alors au mari comment clamper la perfusion lorsque celle-ci sera terminée et lui demande de surveiller son épouse. Le matin, dès le réveil, je constate avec satisfaction que sa tension est encore améliorée et que son état est moins inquiétant. La journée commence bien !

Paradoxalement, le mari paraît extrêmement inquiet alors que la situation est nettement moins angoissante. Quand je demande à l'interprète de se renseigner sur les raisons de cette inquiétude, il m'explique que le mari craint de ne pas avoir assez d'argent pour payer l'ensemble des frais. Je demande au garçon de le rassurer. Le mari ne peut alors retenir ses larmes qui glissent doucement sur ses joues et me font prendre conscience combien il est jeune. À titre de remerciement, et avant de reprendre sa route avec son troupeau, il tiendra absolument à monter la garde, trois nuits durant, devant la porte de notre dortoir… armé de sa machette dissuasive. La jeune femme quitte bientôt le dispensaire et un matin, le jeune Peul revient me voir avec… un morceau de gibier.

ACTEUR DE SA PROPRE VIE

Ces deux expériences, vécues dans des contextes assez différents et inhabituels, il faut en convenir, n'ont d'autre vocation que d'illustrer les facultés dont nous sommes pourvus.

> Nous sommes capables, dès lors que nous avons le sentiment d'être acteurs de nos propres vies, de pouvoir influer sur le cours des choses et non de subir les situations.

Ce sentiment de liberté est capital, car il permet de transcender la réalité. Il confine à la nature profonde de l'Homme, à ce qui le singularise dans son humanité la plus précieuse. En outre, toute notre société, depuis l'Âge d'or hellénique, est fondée sur cette idée que nous avons à exprimer des choix. Ils fondent notre responsabilité. Et comme le proclamait Antoine de Saint-Exupéry, *« on ne peut être responsable et désespéré ».*

Et pourtant, paradoxalement, nous n'avons que bien peu conscience de ce bien précieux qu'est le pouvoir d'agir. Nous n'y prêtons pratiquement plus attention dès lors que nous évoluons dans un contexte où il ne manque pas, où il peut spontanément s'exprimer. C'est son amputation qui fait prendre conscience de ce bien inestimable et irremplaçable. Il importe de faire comprendre que l'enjeu n'est pas le même pour celui qui dispose d'une capacité d'action et pour celui qui ne dispose pas de cet avantage. Deux exemples sont particulièrement évocateurs de cette dichotomie.

Chacun d'entre nous a déjà pu faire ce constat. Parfois, à l'occasion d'un long voyage en automobile, le passager placé à côté du conducteur montre des signes de stress comme des manifestations irascibles, des sensations d'oppression ou un torticolis, provoqué par la contracture des muscles para-vertébraux... Vous aurez aussi remarqué que ces manifestations n'affectaient en principe pas le conducteur qui, à la différence du passager, dispose d'une possibilité d'action en cas de nécessité.

Dans le domaine professionnel, les manières de procéder afférentes à l'assistance téléphonique illustrent la souffrance inhérente à l'absence de liberté d'action. Les personnes travaillant dans certains centres d'appels téléphoniques – outre les agressions verbales fréquentes dont elles sont victimes, car elles collectionnent les récriminations –, ne disposent d'aucune marge de manœuvre. Cette privation de toute possibilité d'action est symbolisée par l'obligation qui leur est faite de recourir à une grille de questions et de réponses dont elles ne doivent, à aucun moment, se départir. On peut alors parfaitement mesurer la frustration inhérente à ce genre de pratique, dont l'effet dévastateur s'illustre malheureusement trop souvent de manière dramatique dans l'actualité récente de certaines entreprises.

Le philosophe français Paul Ricœur résumait parfaitement ce type de situation lorsqu'il parlait de la souffrance liée à « *l'amputation du pouvoir d'agir* ». Oui, il s'agit d'une véritable souffrance dont il est possible de sortir en redonnant des marges de manœuvre et en adaptant les méthodes de management et de travail. Dans ce domaine, il est des entreprises qui constituent de véritables modèles et dont les niveaux de performance se trouvent améliorés.

Chapitre 6

Diminuer la pression d'enjeu !

SE PROJETER AU-DELÀ DE LA RÉALITÉ IMMÉDIATE...

Il est dix-huit heures et une équipe du SAMU sort, suite à l'appel des sapeurs-pompiers, pour un accident grave impliquant une moto et une voiture. Dans le véhicule qui se faufile entre les voitures à grands renforts de klaxon et de gyrophare, l'atmosphère est à l'élaboration de la stratégie à court, moyen et long termes. Différentes hypothèses sont envisagées, chacune appelant des actions dédiées. S'il s'agit d'un traumatisme crânien grave, on évacue la victime au plus vite vers le CHU, si possible en hélicoptère. S'il s'agit d'un traumatisme rachidien, on le transfère également au plus vite.

Si... Si... Les différentes hypothèses sont passées en revue, un peu comme si on voulait se projeter dans l'avenir pour diminuer la pression d'enjeu liée au temps présent, pression résultant des questions qui nous préoccupent : quel sera l'état du patient, allons-nous pouvoir le sauver, tout se passera-t-il comme d'habitude ou devrons-nous faire face à des imprévus ? En réfléchissant au transfert de la victime, on imagine déjà la phase d'après et c'est cette projection qui facilite l'abord de la situation. En l'occurrence, il ne s'agit pas d'examiner, d'ausculter, de perfuser, d'intuber ; il s'agit de voir plus loin… et d'envisager le succès – même relatif – puisque si transfert il y a, vie il y a…

Un autre jour, il est onze heures et, avec un infirmier, nous partons en mission à Bangkok pour rapatrier une jeune fille de 11 ans, victime d'un syndrome de Guillain-Barré. Cette pathologie peut induire de nombreux ennuis, puisqu'elle peut provoquer une paralysie des muscles respiratoires et donc entraîner l'asphyxie de l'enfant. Dans ce cas, il faut pouvoir intuber le patient, c'est-à-dire introduire un conduit dans la trachée afin de pouvoir insuffler de l'oxygène. Ce geste est toujours délicat, surtout s'il doit s'opérer en vol, où les conditions de prise en charge sont plus difficiles.

Avec l'infirmier, avant le départ, il nous faut donc anticiper avec exactitude nos besoins en matériel. C'est une phase délicate qui peut avoir des conséquences importantes. Une fois que l'équipement est rassemblé et que son fonctionnement est vérifié, c'est le départ vers l'aéroport. J'ai observé qu'à ce moment précis des missions, nous avions tendance, presque à notre insu, à penser et à échanger sur la fin de mission, celle où tout s'est bien passé et où le patient est dans un état stable, celle où l'on se sent libéré, heureux du sentiment du devoir accompli. On parle de l'heure d'arrivée à l'aéroport, de la « structure d'accueil » c'est-à-dire de la clinique ou de l'hôpital qui va recevoir le patient, des amis que l'on a dans ces structures, de notre activité une fois la mission terminée.

Parallèlement à cette projection dans l'avenir, s'associe souvent une action aidant à relativiser la situation.

LE DÉTACHEMENT COMME GAGE D'EFFICACITÉ

Dans le véhicule du SAMU, on aborde aussi parfois des sujets plus légers… mélanges d'anecdotes de carabins et de souvenirs de garde. Il y a simplement dans le véhicule un important niveau de tension et l'une des façons de le diminuer consiste à aborder des thèmes plus légers.

Parallèlement, en vol, durant une période, nous sommes presque des voyageurs comme les autres, nous souciant de la qualité du vol, de l'horaire d'arrivée, parlant de la gastronomie locale, des langoustes du « seafood village », des souvenirs, si possible comiques des missions précédentes. « *Tu te souviens de la fois où nous sommes restés bloqués en Gambie ?* » ; « *Tu te rappelles la mission à New York où le patient avait quitté l'hôpital avant notre arrivée et où nous avions dû le chercher pendant des heures ?* » L'atmosphère est, là encore, souvent légère et détendue… certainement anormalement détendue pour un regard extérieur.

On pourrait aisément être interloqué par une telle attitude, ne pas comprendre que des personnes plaisantent dans de telles circonstances… Il faut alors se remémorer la célèbre formule du maréchal français Hubert Lyautey[1] : « *Lorsque la vie des Hommes est en jeu, il faut en faire un jeu pour qu'ils oublient l'enjeu.* » Plus la situation critique touche à la vie des Hommes, plus une action de « ludification » est nécessaire pour ne pas être paralysé par l'enjeu. La pression d'enjeu, si elle n'est pas gérée, provoque un stress majeur, ayant toutes les chances d'amoindrir l'efficacité de l'intervention.

Dans la vie de tous les jours, on a tendance à cultiver la pression d'enjeu. On pense que l'on va mobiliser la personne et qu'on lui permettra ainsi de mieux réussir. Quel adolescent ne s'est pas entendu dire : « *Si tu ne travailles pas plus, tu ne t'en sortiras pas. Tu sais, à l'heure actuelle, c'est de plus en plus difficile et seuls les meilleurs auront des postes intéressants.* » On provoque alors du stress chez le jeune, et on ne lui donne pas forcément envie de

---

1. 1854-1934.

progresser. Sinon, vous l'admettrez, il y aurait beaucoup plus de jeunes heureux et performants.

Au contraire, lorsque c'est difficile, il convient de rassurer, de diminuer la pression d'enjeu, de fixer des objectifs et d'aider à relativiser. Je me souviens de nombreux lycéens rencontrés à quelques mois du bac. Lorsqu'on leur posait la question de savoir quel était leur objectif, nombre d'entre eux disaient; avoir le bac ! Il suffisait alors que les uns ou les autres leur expliquent que sans le bac, rien n'est possible, pour que le jeune se sente paralysé par le stress. En revanche, il faut lui proposer de regarder plus loin en abordant son avenir de futur étudiant en droit, en se montrant passionné par l'orientation choisie, en relativisant la difficulté représentée par le bac, pour parvenir à diminuer la pression d'enjeu et à augmenter les chances de réussite.

Dans l'entreprise, la crise est à l'origine d'une pression d'enjeu forte. Il est très facile de provoquer des dégâts importants, simplement en se laissant guider par ses propres craintes. Là aussi, le manager doit permettre de se projeter au-delà de la crise, estompant et relativisant ainsi la difficulté immédiatement rencontrée.

La traversée de la crise peut être à l'origine d'efforts supplémentaires demandés aux collaborateurs et, dans ce cas, il sera utile d'associer à l'objectif final des objectifs intermédiaires. Si on demande à un jeune de courir le cent mètres en douze secondes alors que son meilleur temps jamais réalisé sur la distance est de quatorze secondes, il échouera. Si, à l'inverse, ses objectifs de progression sont fragmentés en plusieurs étapes intermédiaires, il franchira les caps, les uns après les autres, augmentant ainsi ses chances de réussir.

En période de crise, un parallèle peut être effectué. Si en temps normal, les collaborateurs sont considérés et reconnus, ils seront les premiers à accepter de faire des efforts pour relever le défi, dès lors que ces efforts leur semblent possibles et à l'origine d'un véritable succès.

Chapitre 7

Diminuer le stress
grâce au passage à l'action

UN JEUNE « COLLÈGUE » OCCASIONNEL

Il est vingt-deux heures ce soir de mai, lorsque le standard du SAMU reçoit l'appel d'un adolescent terriblement angoissé. Il signale un accident qui vient de survenir à quelques encablures de l'hôpital, impliquant son copain de 18 ans, blessé à la jambe et saignant abondamment. Ne parvenant pas à comprendre si la victime est consciente, le médecin régulateur décide d'envoyer sa seconde équipe. En effet, lorsque nous sommes de garde dans un SAMU de province, il y a généralement deux équipes mobilisables de manière simultanée. L'une sort en premier avec un ambulancier, un infirmier et un médecin ; l'autre démarre avec un ambulancier et un médecin, lorsque la première équipe est déjà enrôlée sur une intervention. Dans le cas présent, c'est donc une équipe restreinte qui part au secours du jeune homme.

À peine cinq minutes plus tard, nous sommes à ses côtés. Ce garçon souffre atrocement du membre inférieur droit, essentiellement au niveau de la jambe qui manifestement subit une hémorragie… Pendant que l'ambulancier découpe le pantalon pour examiner d'où provient l'abondant flux de sang, je perfuse le patient au niveau de l'avant-bras pour disposer immédiatement d'une voie veineuse et lui administrer ainsi les drogues nécessaires. La perfusion est en principe le premier geste accompli par l'urgentiste, car l'état général du patient peut toujours s'altérer rapidement, rendant ainsi les veines moins visibles et surtout moins palpables. Le garçon est maintenant perfusé et l'ouverture de la jambe du pantalon laisse apparaître l'origine de l'hémorragie : une fracture ouverte du tibia. Le reste de l'examen clinique est normal.

J'utilise des drogues contre la douleur pour soulager le patient. Je remarque alors que son ami est toujours très choqué, car il a assisté à la scène. Il m'explique qu'un véhicule est passé alors que le feu était au rouge, qu'il a heurté son copain et… continué sa route ! Il tremble de tous ses membres et me dit se sentir défaillir. Je recours alors à une technique, éprouvée maintes fois, en pareille circonstance. Je décide de le rendre acteur des secours. Certes, il ne s'agit pas de lui confier la réalisation de gestes techniques ou délicats, mais de lui offrir une possibilité de participer et d'aider concrètement son camarade.

Je lui demande de tenir la perfusion pour libérer l'ambulancier, qui, de ce fait, pourra me seconder plus efficacement. Notre jeune hésite un cours instant, prend la poche de perfusion et dit à son copain : « *Tu vas voir, on va te sortir de là…* » Il ne tremble plus et ses joues se recolorent miraculeusement. Il se sent manifestement mieux. Les pompiers arrivent, suivis des forces de l'ordre. Pour installer le blessé sur le matelas coquille, il sera nécessaire de l'anesthésier pendant trente secondes, car le niveau douloureux serait sinon trop important. Le geste est pratiqué très rapidement et le patient se réveille tout aussi vite sur le matelas coquille. Des médicaments antalgiques sont alors administrés avec un pousse-seringue automatique. La plaie, aspergée par un antiseptique, a été protégée par des compresses stériles et un antibiotique est administré *via* une autre perfusion, car les risques infectieux en cas de fracture ouverte sont majeurs.

Je me rends compte que tous mes faits et gestes ont été attentivement suivis par notre jeune secouriste de fortune. Au moment de partir vers l'hôpital, il me demande s'il peut accompagner son copain dans le véhicule des sapeurs-pompiers. Je refuse, mais le prends à part pour lui demander d'être très prudent sur son scooter et surtout de ne pas suivre le véhicule s'il franchit des feux tricolores « rouges ». Il m'assure qu'il sera prudent et me dit : *« Mais tu sais, je me sens bien maintenant. »*

La victime est transférée à l'hôpital, un bilan est réalisé et devant l'ampleur des lésions vasculaires, l'évacuation vers le CHU voisin est incontournable. J'explique la situation aux parents ainsi qu'à mon adjoint de circonstance, arrivés sur place. Avec l'ambulancier, nous effectuons le transfert vers le CHU, sans difficulté notable. Lorsque nous rentrons, la nuit s'efface devant le jour qui laisse percer quelques pâles lueurs. L'ambulancier change le matériel afin que son véhicule puisse repartir aussitôt en cas de nécessité. J'aspire à plein poumons ces quelques instants, appréciant le calme de ce jour naissant, frais et doux, comme un matin de printemps, lorsque j'entends quelqu'un tousser à quelques mètres de moi. L'adjoint de fortune est là. Il s'approche et me demande comment s'est passé le transfert de son copain, ce qui va advenir de lui. Puis, d'un air faussement naturel, il ajoute : *« Pour tout à l'heure, je voulais vous demander de m'excuser, je vous ai tutoyé. »* Je souris et faisant allusion au tutoiement coutumier des personnels des services d'urgence, je le rassure : *« Tu sais, entre collègues, on se tutoie… »* Il m'explique alors que ce soir, il a décidé de faire… médecine ! *« J'en avais envie depuis longtemps, mais j'avais peur de ne pas supporter la vue du sang et la douleur des autres… Or, depuis ce soir, depuis que je vous ai aidé, je sais que j'en suis capable. »*

Lorsque je lui avais confié la perfusion, je n'escomptais pas un tel horizon, mais à chaque fois que possible, je tente toujours de mettre à contribution, même modestement les familles, les amis présents… En étant au cœur et non pas extérieur à l'action, la personne se concentre sur ce qu'elle doit faire et diminue ainsi considérablement son niveau de stress. Devenue actrice, la personne ne tournera pas de l'œil, pour recourir à l'expression populaire.

AGIR POUR NE PAS SUBIR

Une jeune femme d'une trentaine d'années m'explique qu'elle est en situation d'échec sur le plan professionnel et qu'il en résulte pour elle un véritable traumatisme. Elle est originaire d'un milieu modeste et ses parents ont consenti d'énormes efforts pour qu'elle puisse faire une grande école de commerce. Elle a réussi sa formation, mais, là, c'est la catastrophe. Tous les lundis matins, elle voit son chef de service pour passer en revue les enjeux de la semaine qui démarre. Cet échange dure une à deux heures et n'a d'autre vocation que de la rassurer, le chef de service parvenant assez bien à relativiser les difficultés des missions confiées en s'appuyant sur des succès passés, la formation solide, etc.

Jusqu'ici, il a visiblement su à chaque fois trouver le bon argument pour que tout se passe au mieux. Mais tendu en raison de problèmes professionnels, et certainement de mauvaise humeur, il éconduit durement la jeune femme : « *Écoutez Mademoiselle. Je ne vais pas passer trois heures toutes les semaines à vous rassurer. Maintenant, il faut que vous voliez de vos propres ailes. Sinon, j'aurai bientôt plus vite fait de voir les clients à votre place.* » Ces quelques phrases prononcées sous le coup de la colère provoquent des dégâts terribles. Le soir même, la jeune femme, effondrée, vient consulter et, arguments logiques et démonstration à l'appui, m'explique qu'il faut bien se rendre à l'évidence : elle est en situation d'« échec professionnel ».

Elle a fini par se persuader qu'en raison de sa grande timidité, elle ne pourra jamais réussir dans son métier, qui nécessite d'être en relation avec des clients. Son appréhension de la relation avec la clientèle lui pèse considérablement et va jusqu'à altérer ses capacités. Les dégâts sont d'autant plus importants que la jeune femme établit un lien logique entre sa situation d'échec et sa timidité dont elle est convaincue qu'elle ne pourra se départir, puisque c'est un trait inhérent à sa personnalité.

Elle se lance alors dans un long monologue où elle détaille les manifestations de son extrême réserve à laquelle s'adjoint une sensibilité exacerbée. Progressivement, je lui fais remarquer que sa personnalité ne l'a pas empêchée de réussir sa formation… Je martèle surtout un précepte, à contre-courant de ses idées : la timidité et la sensibilité sont de véritables atouts. Les exemples ne manquent pas. Ces traits de caractère sont fréquemment compagnons du talent. Et de fait, les personnes sensibles et timides disposent, en quelque sorte, d'un plus grand nombre de « capteurs » leur permettant, lors d'un entretien, d'être réceptives à un plus grand nombre d'informations que des personnes plus à l'aise. Après, il devient possible de recourir à quelques techniques, notamment de programmation neurolinguistique, pour repérer le canal de communication de son interlocuteur (visuel, auditif ou kinesthésique). Ces procédés permettent d'optimiser l'efficacité des échanges ; ils s'apprennent et se pratiquent. Surtout, une personne sensible, très attentive, repérera de manière très précoce le moment où son interlocuteur doute et pourra ainsi utiliser un nouvel argument pour parfaire le travail de conviction.

La jeune femme est surprise par l'argumentaire, mais je parais si sûr de moi que je finis par ébranler ses convictions premières, d'autant plus facilement qu'au fond d'elle, elle a bien sûr besoin d'entendre de tels propos rassurants. Elle s'interroge : « *Pensez-vous qu'un jour je pourrai être à ce point efficace ?* » Au bout d'une heure trente d'échange, elle repart en promettant de se concentrer sur les propos de ses interlocuteurs et de me rendre compte des résultats une dizaine de jours plus tard.

Et de fait, de dix jours en dix jours, elle va beaucoup mieux. Elle se soucie moins de savoir ce que son client pense d'elle que de repérer les informations utiles qui lui permettront de peaufiner son argumentaire. Avec cette jeune commerciale, tout le travail a consisté à relativiser la perception qu'elle avait de sa propre situation, exemples et arguments logiques à l'appui et à déplacer son regard. Initialement concentrée sur ses seules difficultés, elle est parvenue à déporter son attention sur son interlocuteur. Ce faisant, elle ne subit plus l'entretien, elle agit ! Et l'action présente cette particularité de diminuer considérablement le niveau de stress.

Ce même effet peut être observé dans la quasi-totalité des circonstances délicates à gérer. En cas de catastrophe naturelle, de désastre écologique ou encore de guerre, les personnes qui se mobilisent vont généralement mieux sur le plan moral.

Chapitre 8

Considérer

QUAND UN VIEUX SAGE AFRICAIN TÉMOIGNE SA RECONNAISSANCE

Dans la fournaise burkinabé, je suis en train de perfuser un nourrisson victime d'un sévère accès palustre lorsqu'on vient m'informer qu'un homme âgé, extrêmement fatigué, souhaiterait me voir. Il a pris le soin de préciser que ce n'est pas en tant que patient. Je décide donc de terminer la prise en charge de l'enfant dont la température est à ce point élevée qu'elle est perceptible dès qu'on s'approche de lui. Il vomit systématiquement à la moindre ingurgitation liquide et présente en outre une diarrhée importante.

Lorsque l'on prend sa peau entre le pouce et l'index, le pli formé reste intact pendant plusieurs secondes, témoignant de la sévérité de la déshydratation. Il faut impérativement le perfuser malgré des veines rendues peu perceptibles en raison de son état ; c'est clairement la condition de sa survie. Nous allons devoir beaucoup œuvrer pour parvenir à réaliser ce geste pourtant basique. Les veines demeurent invisibles et lorsque l'une d'entre elles est trouvée, trop fragile, elle éclate. C'est finalement d'une petite veine, située sur le dessus de la main gauche que viendra le salut de ce petit bonhomme… Le cathéter est installé délicatement et peut enfin délivrer sa médecine salvatrice qui, goutte à goutte, en même temps que le traitement contre le paludisme, inocule l'espoir d'une guérison. L'enfant et sa mère sont installés dans la petite pièce qui sert de chambre d'hospitalisation…

Beaucoup de temps et d'énergie ont été nécessaires avant de parvenir à nos fins et j'ai totalement oublié la présence du vieil homme, qu'on me rappelle soudain. Je suis épuisé et n'ai pas envie de parler. J'en ignore la raison profonde, mais je suis franchement irrité à l'idée de rencontrer cet homme. Sans doute est-ce inconsciemment lié à la tension de l'intervention que nous venons de réaliser, lié plus sûrement au fait qu'il n'était pas venu consulter et donc qu'il va me prendre un temps compté que je réserve prioritairement aux malades ou pour récupérer de journées particulièrement éprouvantes. Autant dire que, s'il n'avait pas besoin du médecin, je m'apprêtais plutôt à l'accueillir vertement !

Je me dirige d'un pas décidé vers cet homme que je n'ai jamais vu dans le village. Il paraît au moins 70 ans, ce qui en Afrique commence déjà à compter. Il se déplace avec d'énormes difficultés, semblant souffrir à la fois des hanches et du dos… Un jeune villageois sert d'interprète. Le vieil homme commence à parler. Sa voix est profonde et lente. Il se dégage de lui une sérénité qui emporte d'un coup ma mauvaise humeur initiale. Je me souviens aussi que nous sommes en Afrique et le respect dû aux anciens n'autorise pas certains comportements… ici comme ailleurs.

Le jeune traducteur commence : « *Il dit qu'il est venu à pied depuis un village situé à quinze kilomètres pour vous remercier. Il est le grand-père de la jeune fille qui avait un problème au genou et que vous avez soignée lors de la précédente saison sèche. Il dit que vous l'avez sauvée et qu'il tenait à venir vous remercier lui-même.* » C'est à l'issue de ces propos lâchés rapidement par le traducteur que je vois le vieil homme s'agenouiller à grand-peine, me prendre la main et me dire… merci !

Est-ce la chaleur, la fatigue, l'embarras ou le regret des pensées qui flottaient initialement dans mon esprit, toujours est-il que je suis un peu sonné par cette histoire à laquelle je ne m'attendais pas. Gêné par sa posture, je l'aide vite à se relever. Je lui explique que mon intervention n'est qu'une composante de la guérison et qu'il est naturel de s'entraider. Je le remercie chaleureusement de sa visite. Il me dit alors qu'il ne repartira dans son village que le lendemain, car la nuit, il ne voit plus assez clair pour se déplacer… Je lui propose de dîner avec nous, en toute simplicité. Rien n'y fait, il refuse… Par peur de déranger m'expliquera-t-on par la suite.

Vers vingt-trois heures, alors que je rends une dernière visite au nourrisson, je vois que ce vieil homme, usé par les ans et par sa propre histoire, s'apprête à s'allonger à même le sol pour dormir. Je n'en reviens toujours pas. Cet homme a parcouru des kilomètres à pied, simplement pour venir me dire : « *Merci.* » Je repense à ses phrases, au rythme de sa diction, à son attitude généreuse et à la mienne, égoïste, de médecin légèrement fatigué qui n'avait pas envie de lui adresser la parole. En même temps que sa démarche occupe mon esprit, je revois sa petite-fille et la sale affaire dont elle est parvenue à se tirer. Je suis heureux de ce que j'ai pu faire pour elle.

Ce soir-là, je prends conscience que je suis encore jeune et donc prompt à l'immédiateté, à ne voir qu'un seul aspect des choses. En contrepoint, la démarche de cet homme témoigne d'une forme de maturité que je n'ai pas. Cet homme vient de me donner une leçon de vie. Il m'a appris à la fois le courage et… la force de la considération. Son témoignage m'a donné une occasion de fierté. Je suis heureux, au milieu de la cour de ce dispensaire, sous le ciel africain, parcouru par des étoiles ignorées de nous. La fatigue n'a plus de prise sur moi. Je me sens, à nouveau, submergé par une profonde vague de bien-être. À mon tour, le lendemain, je pourrai gratifier ce vieux sage d'un chaleureux remerciement !

UN ACCUEIL INATTENDU À TIMISOARA

Au début de ce mois de janvier 1990, alors que la Roumanie est sous le choc de l'effondrement d'un régime qui a imprimé de terribles souffrances, nous décidons, avec quelques amis, de convoyer des médicaments, vêtements et vivres qui font terriblement défaut à un confrère médecin, installé dans une petite ville distante d'une soixantaine de kilomètres de Timisoara. Mais pour cela, il va me falloir convaincre mon chef de service qui devra se passer de moi le temps de la mission. Je lui fais part du projet et, lorsque je quitte son bureau, la mission compte un acteur supplémentaire : il est d'accord pour que je m'absente et aussi pour... m'accompagner ! Il ne reste plus qu'à trouver deux véhicules et les moyens financiers permettant de passer du projet à la réalisation concrète. Grâce à un ami qui accepte de mobiliser son carnet d'adresses, le 30 décembre, la logistique est en place.

Nous partons début janvier, accompagnés d'une équipe de FR3. Nous traversons la France, puis le nord de l'Italie et la Yougoslavie pour arriver, deux jours et demi plus tard, en Roumanie. Nous faisons étape à Timisoara, où notre première préoccupation est de trouver un hébergement. À notre arrivée, c'est le choc. La place principale de la ville laisse paraître les plaies béantes causées par les combats de rue qui ont marqué les jours précédents. Les médias s'en font l'écho quotidiennement. Mais là, à la nuit tombante, les décombres uniformément grises et balayées par un vent glacial ne sont en rien semblables aux images distantes et presque irréelles du journal télévisé. Elles nous livrent sans ménagement à la violence des événements. Les façades brûlées, les impacts de balle sur les murs et les vitrines brisées laissent percevoir la violence des affrontements. Surtout, de petites bougies, disposées dans des coupelles de fortune, jonchent le sol pour rappeler, dans un scintillement vacillant, que des hommes ont perdu la vie ici, pour la liberté des leurs. Pourquoi faut-il toujours que cette conquête soit au prix d'une telle ruine ?

La ville est blessée et déserte, traversée seulement par de rares ombres fugitives, gagnant leur refuge à grande hâte. Désespérant de trouver le lieu d'hébergement repéré avant notre départ, nous errons dans les rues, perdus et espérant un heureux hasard au milieu du désordre ; ce qui se produit, puisque nous finissons par croiser un homme, au volant d'un tracteur, qui accepte de nous venir en aide. Mon premier réflexe est de m'adresser à lui en anglais, pensant avoir plus de chance d'être compris. Il se tourne alors vers nos véhicules qui attestent aisément de nos origines. Dans un sourire ému, cet homme massif d'une cinquantaine d'années coiffé d'une énorme chapka s'approche de moi et me prend dans ses bras en s'écriant : « *Des Français ! Vous êtes Français !* » Il parle parfaitement notre langue et se fait un devoir de nous conduire à bon port.

Arrivés dans un hôtel fonctionnant encore *a minima*, nous lui faisons part de la raison de notre présence. Il nous raconte l'histoire des liens qui ont scellé l'amitié entre nos deux peuples depuis Napoléon… Au moment de partir, il nous prend à nouveau, tour à tour, dans ses bras et dit : « *Merci pour ce que vous faites, merci du fond du cœur, merci la France !* » Ce témoignage aussi démonstratif qu'inattendu fait curieusement un bien considérable à toute l'équipe. Je mesure alors qu'en un laps de temps extrêmement court, nous sommes passés, sans transition, de l'émulation, qui nous a permis de monter la mission en un délai record, à la réalité de la souffrance et de la tristesse des gens. Tournés vers les aspects logistiques, nous avions sans doute sous-estimé la dureté de ce qui nous attendait sur place. Livrés à ces contrastes, le témoignage de considération de ce Roumain francophile nous a requinqués, au moment précis où cela était utile.

Vous en conviendrez vous-même, il est parfois des personnes qui ont l'art de trouver les mots ou d'adopter les gestes qui, ramenés à un contexte personnel, acquièrent une portée bien supérieure à leur sens premier. Dès le lendemain matin, revigorés par ces preuves de considération, notre périple trouve un nouveau souffle qui nous permettra d'aller au bout de nos intentions.

UNE FORCE CONSIDÉRABLE

> Au-delà de ces expériences, que chacun pourra aisément ramener à sa propre situation, la force de la considération constitue également un moteur considérable pour pouvoir s'épanouir dans son activité professionnelle.

Un sondage[1] réalisé par un site de recherche et d'offres d'emploi belge en novembre 2007 auprès de salariés de toute l'Europe, révèle que le manque de considération au travail constitue pour eux le principal facteur de frustration professionnelle. Ainsi, 31 % des personnes sondées revendiquent plus de considération, ce facteur l'emportant même sur les désagréments induits par des possibilités limitées de construction de carrière. En résumé, les salariés souhaitent être considérés. Cette aspiration légitime doit impérativement être entendue dans le cadre professionnel,

---

1. Sondage d'opinion publié par le site Internet de recherche d'emploi belge Monster. La question posée était la suivante : qu'est-ce qui vous irrite le plus dans votre travail ?

au-delà des simples règles de courtoisie et d'humanité de base, pour être intégrées dans les politiques de ressources humaines et de management.

Ce souhait, aussi nettement exprimé, s'il est pris en compte par l'entreprise, peut constituer un véritable facteur de différenciation, un atout lui permettant de recruter ou conserver les salariés compétents et motivés. Ceci constitue aujourd'hui un enjeu majeur pour les employeurs, qui, de plus en plus, se plaignent des difficultés à recruter une main-d'œuvre de qualité. Pour l'entreprise qui ferait un tel choix, décréter la considération au travail ne suffit pas. Elle doit se traduire, de façon concrète, par un ensemble de comportements managériaux.

Sur ce plan, une étude[1] conduite en Suède sur les risques ischémiques liés au stress livre un ensemble d'informations riches d'enseignements. Ce travail qui établit une véritable corrélation entre la survenue d'événements cardiovasculaires et un mauvais management, identifie également les leviers les plus déterminants à actionner. C'est ainsi que plusieurs témoins de considération sont identifiés : partager l'information, expliciter les objectifs à atteindre et traduire leur incidence dans le travail à accomplir par chaque salarié, disposer des pouvoirs en rapport avec ses responsabilités, se sentir soutenu dans ses évolutions professionnelles, sentir que le responsable attache de l'importance à ce qu'est le salarié et à ce qu'il ressent, être encouragé.

Toutes ces attentes professionnelles, identifiées par les salariés eux-mêmes comme les bonnes pratiques managériales, ne constituent rien d'autre que des preuves de considération… à organiser pour être effectives dans l'entreprise.

---

1. Nyberg, A., Alfredsson, L., Theorell, T., et coll., «Managerial leadership and ischaemic heart disease among employees: the Swedish Wolf study», 2008.

Chapitre 9

S'engager

RENCONTRE D'UNE IMMORTELLE

En 1999, avec un groupe d'amis, nous partageons le sentiment que notre pays est, depuis quelques années, en train de traverser une profonde crise morale en remettant en cause nombre de valeurs qui en avaient jusqu'alors constitué les fondements. Finalement lassés de nous lamenter et de nous plaindre des choix opérés par d'autres, nous décidons de nous mettre nous-mêmes, à notre échelle, à l'action et de réfléchir à ce que nous pourrions faire pour l'intérêt général. Après tout, nous avons la chance de vivre en démocratie et la critique est stérile quand nous disposons de la faculté d'agir.

C'est fort de cette ambition, à la fois démesurée et à la mesure de tout un chacun, que je me fais le porte-parole du groupe en adressant un courrier à une femme d'exception, une éminente helléniste de renommée internationale : Jacqueline de Romilly. Nous souhaitons lui proposer de nous aider à faire émerger une association dont l'objectif est d'encourager la participation des citoyens à la vie de la Cité. Quelques jours plus tard, je reçois une belle lettre de Jacqueline de Romilly m'expliquant que son âge l'empêche de répondre favorablement, mais qu'elle accepte de me recevoir pour en parler, m'invitant à prendre rendez-vous par téléphone. Je contacte donc Madame de Romilly. L'entretien est fixé à dix heures, le mardi suivant.

Arrivé à neuf heures quarante, je me revois arpenter le trottoir, absorbé dans mes pensées, le cœur battant la chamade, en attendant l'heure convenue. J'étais particulièrement impressionné à l'idée de rencontrer, pour la première fois de ma vie, cette femme tant admirée et dont l'étude de l'œuvre de l'historien Thucydide fait référence dans le monde entier. Au-delà de son érudition sur la démocratie athénienne, je suis conscient que Jacqueline de Romilly fait aussi figure de référence de la culture française. Et moi, je suis là, sur ce trottoir, attendant l'heure de rendez-vous, animé par la volonté de la convaincre, mais aussi conscient du monde qui nous sépare. Nous évoluons dans des univers assez fondamentalement différents : les savoirs, poussés dans leur extrême épure d'un côté et la médecine dans ce qu'elle a de plus matériel de l'autre ; une femme illustre fréquentant l'Académie française et un illustre inconnu...

À dix heures précises, j'entre dans l'ascenseur et appuie sur le bouton marqué du chiffre sept. Après quelques secondes, l'ascenseur s'ébroue, commence son ascension et s'arrête au septième étage. Je me prépare à pousser la porte quand je suis devancé d'une fraction de seconde par Madame de Romilly qui m'ouvre l'accès à son appartement, l'ascenseur débouchant directement dans son logement. Après les formules d'usage et la traversée d'un vestibule où la sculpture d'un buste semble veiller sur de nombreux livres posés sur le rebord d'un meuble, nous nous installons dans une pièce dont les murs sont couverts d'ouvrages, certains visiblement très anciens.

Installé face à Madame de Romilly, je tente de lui présenter le projet sous le meilleur jour possible. J'essaye de la convaincre. L'échange qui s'ensuit est passionnant et, sans le savoir, marquera le début d'une relation d'une indéfectible fidélité. Puis, à bout d'argument et de répartie, après s'être dit tout ce qui paraissait indispensable, le verdict tombe : «*C'est bien ce que vous voulez faire, c'est un peu le versant politique de mon action littéraire, mais je suis presque aveugle et trop vieille pour vous aider.* » Il faut avouer que je croyais avoir envisagé toutes les hypothèses, mais aucune n'avait buté contre un tel argument. Il était impossible d'abandonner ici la partie. Aussi, afin de relativiser les contraintes liées à l'âge et au handicap, je me lance dans un plaidoyer sur l'engagement, un terrain qui est le mien.

La démonstration tient parfaitement dans cette formule ainsi résumée : «*Vous savez, Madame le Professeur, l'engagement dans une cause d'intérêt général est bénéfique pour la santé…* » C'est alors que Madame de Romilly, comme elle sait le faire, avec une spontanéité amusée qui n'appartient qu'à elle, éclate de rire et m'interrompt : «*Dites donc, vous êtes en train de me dire que si je m'investis dans votre association, je vais devenir centenaire ?* » À court d'idée, je ne peux m'en tirer que par un trait d'humour, empreint de tout le respect dû à mon interlocutrice : «*Mais Madame le professeur, vous êtes déjà Immortelle !* » Ni l'un, ni l'autre n'avions plus de retranchement possible et sa conclusion sonne encore à mon cœur : «*Eh bien, écoutez, quand il y aura une réunion, faites-moi signe et j'y assisterai à une seule condition… que je ne sois pas morte avant…* »

« *L'ENGAGEMENT, C'EST LA LIBERTÉ ET LE BONHEUR !* »

Quelques années plus tard, un soir de 2005, à vingt et une heures précises, je m'entretiens au téléphone avec Jacqueline de Romilly. Depuis notre première rencontre, nous sommes devenus proches et cet horaire a acquis un statut rituel qui rythme quotidiennement nos fins de journée. Ce soir-là, sa voix est tonique et traduit un certain optimisme. « *Vous savez, mon petit docteur, aujourd'hui j'ai écouté une cassette enregistrée il y a cinq ans. Et je me rends compte qu'à l'époque, j'étais beaucoup moins bien qu'aujourd'hui. C'est grâce à votre Élan, tout cela… »*

Sur le calendrier des temps forts de nos relations, je me souviens encore du vibrant plaidoyer dans lequel elle s'est lancée en faveur de l'engagement, lors d'une assemblée générale de notre association, tenue rue d'Ulm, à Paris, à l'École Normale Supérieure. Partant de l'élan démocratique qui s'est levé dans l'Athènes ancienne pour souffler sur le monde entier et porter son idéal jusqu'à nous, plusieurs siècles plus tard, elle a conclu dans cette magnifique et magistrale formule, lancée comme la signature distinctive de son combat : « *L'engagement, c'est la liberté et le bonheur !* »

Se sentir utile à une cause d'intérêt général est indéniablement bénéfique pour la santé. Mais, finalement, n'est ce pas l'idée que traduisait Hans Selye en parlant d'« altruisme égoïste » ? Ce chercheur expliquait clairement que cet « altruisme égoïste » était l'un des éléments efficaces permettant de contrer la toxicité du stress. Stefan Einhorn, professeur de cancérologie en Suède, enfonce le clou dans son ouvrage *L'Art d'être bon*[1]. Partant de l'observation de ses patients, il démontre que la gentillesse et l'empathie réduisent le stress. Il a en effet pu observer que faire une bonne action activait la zone du plaisir dans notre cerveau, entraînant ainsi une libération hormonale qui agit positivement sur notre organisme et notre moral. Inspirée par cette idée que lorsqu'on s'engage en faveur du bien commun, lorsqu'on fait preuve d'altruisme ou de générosité, on en retire un bénéfice pour notre santé, l'association canadienne pour la santé mentale a imaginé un concept original, baptisé le « coffre à outils du bonheur »[2].

---

1. Belfond, coll. « L'esprit d'ouverture », 2008.
2. « Dix conseils pour prendre soin de sa santé mentale », Semaine nationale de la santé mentale, du 3 au 9 mai 1999.

Parmi les « Dix conseils pour prendre soin de sa santé mentale », un item est intitulé « Faites du bénévolat ».

De nos jours, dans le domaine de l'entreprise, nous assistons à un mouvement assez profond en faveur de l'exercice d'une forme de responsabilité sociétale, excédant la sphère naturelle des seules affaires économiques. Cette tendance correspond en effet à l'idée qu'à côté de leurs enjeux économiques, les entreprises produisent aussi un impact plus large sur la société. C'est ainsi que nombre de grands groupes disposent ou créent des fondations chargées de soutenir des projets d'intérêt général. Ces projets sont censés établir des liens entre l'entreprise et la société civile, incarnée le plus souvent par le fait associatif.

Au-delà de cette contribution à l'intérêt général dont la prise en charge élargit sans cesse le cercle des contributeurs depuis la fin de l'État Providence, certaines entreprises montrent encore plus d'audace et cherchent à susciter la participation de leurs salariés à des causes mobilisatrices et porteuses de sens. Elles y voient une raison d'épanouissement et de cohésion forte, propice à l'établissement d'une ambiance plus sereine. À titre d'exemple, les fondations du club Méditerranée et de la RATP concourent très directement, par leur mode d'action, à diminuer la toxicité du stress… et tout le monde y gagne : le salarié, l'entreprise et la cause bénéficiaire du soutien.

Notons que même les PME proposent de plus en plus à leurs salariés de participer des projets à caractère humanitaire ou social. J'en connais des pionnières qui n'hésitent pas à intégrer ces missions dans la politique managériale de l'entreprise. En France, nous n'en sommes qu'aux prémices de la sollicitation de ce type de levier permettant d'améliorer l'ambiance de travail. Il y a ici un gisement de ressources encore inexploitées qui pourtant, ne demande qu'à révéler son chant profond.

Chapitre 10

La solidarité de l'équipe...

LA PIQÛRE DE GUÊPE

Il est quinze heures, un samedi après-midi, en plein mois d'août, lorsque les sapeurs-pompiers appellent le SAMU, car l'une de leurs équipes éprouve des difficultés avec un patient d'une quarantaine d'années, victime d'une piqûre de guêpe. Il ressent une gêne respiratoire et son état semble se dégrader rapidement. On nous signale que la fréquence cardiaque est à soixante pulsations/minute et la pression artérielle à 90/50 millimètres de mercure.

Avec une équipe composée d'un ambulancier et d'un infirmier anesthésiste, nous sommes chargés d'intervenir. La nuit de garde précédente a été exténuante. Nous avons dû faire face à une multitude d'appels, parfois sérieux, parfois bénins, comme toutes les nuits de pleine lune. Il y a là un mystère bien connu des équipes de garde. Ces nuits-là sont agitées… et celle-ci n'a pas fait exception à la règle. Nous n'avons pas eu le temps de dormir. Autant dire que la sortie de ce début d'après-midi, par quarante degrés de température, fait figure de véritable épreuve pour les organismes et de défi pour notre volonté.

Lorsque nous sortons du véhicule du SAMU, le soleil tape furieusement sur nos têtes. Nous nous hâtons de pénétrer à l'intérieur du pavillon où se trouve le patient. L'homme, piqué par une guêpe, est déjà placé sur un matelas coquille. Il est pâle et son visage boursouflé. Il s'exprime avec difficulté et ânonne dès nôtre arrivée un « *Ça ne va pas, je suis en train de partir* ». À la vue de ce patient, persuadé qu'il est en train de perdre la vie, la lassitude d'une nuit sans sommeil et la chaleur de plomb s'effacent spontanément. La mécanique de l'équipe se met spontanément en marche. Chacun connaît sa partition et, en pareil cas, nul besoin de parler pour se comprendre.

Pendant que j'examine le patient, l'ambulancier lui applique un masque à oxygène et branche le cardioscope. L'infirmier effectue un prélèvement sanguin et installe une perfusion. Je m'adresse à l'épouse du patient pour tenter de glaner des informations éventuellement utiles au choix des drogues. En tentant de réprimer son angoisse, elle m'explique que son mari est allergique aux piqûres de guêpes et que la dernière, au pied, a entraîné un œdème de toute la jambe. Puis, elle ajoute qu'il prend des médicaments pour le cœur... Après examen des fameux médicaments pris quotidiennement, un traitement adapté est institué à la fois par aérosol et seringue électrique.

Après quelques minutes, la pression artérielle remonte à 95/65 millimètres de mercure. « *On se donne encore dix minutes et ensuite, on vous transfère à l'hôpital, car votre tension n'est pas encore stabilisée. Dès que l'on diminue les drogues, elle baisse de nouveau.* » Le patient acquiesce. Il n'a plus guère la force de parler, épuisé par la réaction allergique, l'inquiétude majeure qu'il vient de connaître et aussi par la chaleur qui a pénétré la maison. Nous sommes tous dégoulinants de sueur, y compris le patient, dont la fixation qui maintient la perfusion sur son avant-bras ne cesse de se décoller. Nous sommes assoiffés... Les choses empirent une fois installés dans le véhicule des sapeurs-pompiers, où l'infirmier et moi-même accompagnons le patient à l'hôpital. Lorsque nous arrivons aux urgences, l'atmosphère climatisée est appréciée à sa juste valeur…

Je rédige le rapport d'intervention et décide des thérapeutiques à poursuivre. Je me force littéralement à chacun de ces gestes et me demande comment je vais tenir jusqu'à la relève de la prochaine équipe de garde. Les deux heures qui m'en séparent paraissent une éternité. Dans ces cas-là, mieux vaut ne pas se laisser emporter par les divagations de son esprit. Je décide donc, comme d'habitude, de retourner au SMUR[1] pour participer à la remise en état du véhicule. Là, l'infirmier et l'ambulancier sont déjà en plein travail. Ayant remarqué mon état de fatigue, ils me proposent d'aller prendre une douche pendant qu'ils terminent. Lorsque je passe dans la cuisine du SMUR, un verre de jus de fruit, débordant de glaçons, est servi…

UN ÉQUIPAGE EXEMPLAIRE

Nous sommes en mars et je me prépare à embarquer pour le Vietnam avec un infirmier afin de rapatrier un patient de 52 ans présentant un œdème aigu du poumon. C'est un cas délicat. Le vol du retour risque d'être périlleux, l'altitude et la fatigue sur un organisme fragile étant propices à la récidive d'un tel épisode. Or, il faut impérativement l'éviter. C'est la raison pour laquelle, avant le départ, avec l'infirmier, nous prenons grand soin dans le choix du matériel à emporter. Il nous faut imaginer le cas extrême pour pouvoir parer à toutes les éventualités.

L'ambulancier, chargé de nous conduire à l'aéroport est également présent à nos côtés, dans le local où nous faisons les préparatifs.

---

1. Service mobile d'urgence et de réanimation.

Nous échangeons avec lui sur les aspects logistiques de la mission afin de vérifier que nous n'avons rien omis. En outre, il fera le lien avec ses collègues qui nous accueilleront à notre retour. Il nous conduit à l'aéroport et douze heures plus tard, nous débarquons à Hô-Chi-Minh-Ville, où notre correspondante locale nous attend à l'aéroport pour nous prendre en charge sur le territoire vietnamien. À chacune de mes missions dans ce pays, j'ai toujours été frappé par son extrême courtoisie et sa redoutable efficacité. Elle se charge des formalités douanières, nous conduit à l'hôpital auprès du patient, puis nous raccompagne à l'hôtel où elle a elle-même effectué les réservations. Nous pourrons donc pleinement nous centrer sur le problème médical.

Le patient nous fait l'historique de sa maladie et du traitement qu'il absorbe. Il nous confie ses angoisses. En cela, il ne réagit pas différemment des autres patients qui connaissent des problèmes de santé au bout du monde. L'éloignement et les difficultés de compréhension d'une langue étrangère se surajoutent aux inquiétudes déjà grandes, induites par le problème de santé. Nous réalisons un examen clinique et mesurons les paramètres indispensables pour apprécier les chances de rapatrier le patient dans de bonnes conditions. Nous lui confirmons son retour le lendemain par le vol de nuit et lui en détaillons les modalités, qui, auparavant, lui ont déjà été exposées par l'équipe de régulation restée en France.

Dans l'attente du départ, il convient de mettre à profit les quelques heures que nous avons devant nous pour récupérer des forces, car le vol de retour dure environ douze heures et la vigilance devra être constante. Le retour s'effectuera sur un avion de ligne et il nous faudra respecter deux impératifs : éviter tout effort ou stress à notre patient et ne pas perturber le voyage des autres passagers. Dès notre arrivée à bord de l'avion, l'équipe se montre immédiatement attentionnée. Nous faisons la connaissance du chef de cabine principal, du chef de cabine ainsi que de l'hôtesse affectée à notre secteur. Puis, le commandant de bord vient nous saluer et apprécier les difficultés susceptibles de se présenter pour le patient durant le vol. Chacun des membres de l'équipage nous propose spontanément son aide et, de fait, tout le temps du vol, fait montre d'une disponibilité et d'une attention indéfectibles : l'un nous procure un coussin supplémentaire pour parfaire l'installation du patient, l'autre s'enquiert de son état, un autre encore nous propose une boisson fraîche et une couverture...

Pendant plus d'une dizaine d'années, les voyages ont fait partie intégrante de l'exercice de mon métier, qui m'a imposé des allers et venues dans le monde entier, à un rythme hebdomadaire, emplissant les pages de plusieurs passeports. Je dois avouer, certainement à contre-pied de l'image usuelle des compagnies aériennes, que j'ai très souvent été surpris par la qualité de service offerte aux passagers. Le standard y est élevé et relativement homogène. De manière générale, les personnels navigants sont d'une très grande disponibilité et distinction dans l'exercice de leurs fonctions. Et s'il est habituel de se plaindre des choses qui dysfonctionnent, il n'est que justice de reconnaître celles qui excellent.

Une fois de plus, c'est dans ces conditions qui s'annoncent au mieux que nous abordons le vol retour, qui, douze heures plus tard et après une escale à Bangkok, nous déposera sur les pistes de Roissy- Charles de Gaulle. Pour parfaire le souvenir d'un rapatriement idéal, alors qu'avec l'infirmier, nous avions décidé de nous partager équitablement le temps de surveillance du malade, c'est la luminosité de la cabine qui m'a tiré du sommeil, une heure... avant l'atterrissage. J'interpelle alors l'infirmier, parfaitement éveillé et vigilant et lui demande pourquoi il ne m'a pas réveillé pour ma « prise de quart ». Sa réponse m'a touché : « *Lors de notre précédent « rapat'[1] », c'est toi qui avais surveillé le patient*

---

1. Abréviation usuelle du mot « rapatriement » entre collègues.

*pendant tout le vol et là, franchement, j'étais en pleine forme et...
le patient allait bien. »*

L'IMPÉRATIF DE SOLIDARITÉ

> La solidarité s'avère indispensable pour le fonctionnement
> des équipes. Elle l'est tout autant pour le moral des troupes.
> Elle s'exprime dans tout groupe social et résulte le plus sou-
> vent d'une mystérieuse alchimie et forme une chaîne dans
> laquelle les efforts des uns vont servir les autres. Et surtout,
> dans les moments de difficulté, elle revêt une importance
> capitale en ne laissant pas l'individu seul face à l'obstacle,
> isolé et sans solution. En cela, elle constitue un puissant
> remède pour surmonter les stress imprimés par la vie et en
> particulier par la vie professionnelle.

Or, dans le domaine de l'entreprise, s'il est un des facteurs qui
s'est profondément modifié depuis le début des années 2000, c'est
bien celui de la solidarité entre les salariés. L'organisation des
entreprises, les méthodes de management ainsi que l'évolution
des modes de vie ont certainement profondément affecté cette
pierre d'angle des rapports internes et la notion même de culture
d'entreprise. Il en résulte que lorsqu'un salarié traverse une mauvaise passe au plan professionnel, il ne trouve plus les soutiens
qui, en temps normal, lui auraient permis de surmonter plus aisément, en tout cas de manière moins solitaire, la situation.

Il est frappant d'écouter les salariés d'entreprises qui se sont
récemment illustrées pour les doses de stress qu'elles sont capables de générer. Ceux-ci pointent tous du doigt le recul des solidarités internes, la mise en compétition avec les collègues et la

solitude qui en résulte. Certaines de ces entreprises ont d'ailleurs pu organiser elles-mêmes ces pertes de repère, sous-estimant l'impact et les altérations qui pourraient en résulter, particulièrement en temps de crise lorsqu'il faut se démener pour garder sa place. À l'inverse, les entreprises qui cultivent des conditions favorables à l'expression des solidarités entre salariés gagnent en cohésion, en capacité à se mobiliser en cas de nécessité et au total, en efficacité. C'est d'ailleurs cette mécanique des relations humaines qui est à l'origine du concept de performance globale. Au-delà des bienfaits individuels et humains nés de l'entraide, il en résulte un bénéfice pour l'organisation elle-même.

Les raisons de solidarité entre collègues doivent être suscitées. Toutes les occasions sont bonnes : le club sportif de l'entreprise, le covoiturage, les commandes groupées, l'investissement des salariés sur le soutien d'une cause d'intérêt général, etc. Au-delà de ces manifestations basiques, certains dirigeants poussent la réflexion encore plus loin sur ces sujets. L'un d'entre eux s'appuie par exemple sur les passions de ses salariés, leur permet de les partager *via* le journal interne et favorise le rapprochement de ceux qui nourrissent une passion commune. D'autres cherchent à améliorer la convivialité dans laquelle peut s'enraciner plus aisément une culture de la solidarité interne. Enfin, certains métiers ne sont tout simplement pas envisageables sans l'expression d'une forte solidarité. L'exemple des commandos militaires, où le destin de chaque soldat est lié à celui des autres, en fournit un exemple. Ils sont à ce point unis qu'on parle de « frères d'arme »… Mais dans ce dernier exemple, les relations humaines sont particulièrement pensées et non improvisées, comme dans un nombre trop important de structures. Il est évident qu'à une époque où les comportements individualistes sont prééminents parce qu'induits par un modèle de société, voire encouragés par l'individualisation des objectifs à atteindre, favoriser les solidarités nécessite une action déterminée. Elles résultent de moins en moins de la génération spontanée. Or, elles sont indubitablement bénéfiques.

Cet impératif de solidarité pour mieux résister aux tensions que nous subissons quotidiennement s'exprime bien sûr au-delà de la seule entreprise et concerne en fait chaque groupe social. Il se traduit en premier lieu au sein de la structure familiale, mais aussi à l'école, où les solidarités spontanées entre élèves sont naturelles et structurent une grosse partie des relations internes. En principe, il est peu usuel de se pencher sur leurs effets bénéfiques lorsqu'elles existent. C'est leur manque, à l'occasion d'un changement d'établissement scolaire par exemple, qui en révèle toute l'importance. En pareil cas, on sait que le jeune qui change de structure, d'environnement et donc toutes ses relations inter-personnelles, est victime d'un stress important, se traduisant fréquemment par une baisse de la qualité de son travail. Pour l'aider à surmonter ses difficultés, il ne faut pas craindre de l'aider à développer de nouvelles amitiés, ouvrant la perspective de nouvelles solidarités, propices au retour de la sérénité.

Ce qui peut être observé à l'échelle de chaque groupe social se vérifie également au niveau de la société. Comme a pu l'expliciter Émile Durkheim dans *De la division du travail* (1893), pour qu'une société existe, ses membres doivent éprouver de la solidarité entre eux. Pour reprendre la célèbre maxime d'Aristote, « *l'Homme est un animal social* ». Cette distinction présuppose un lien de dépendance réciproque, sans lequel la structure sociale est elle-même en danger. Or, en temps de crise ou de profondes mutations, périodes réputées pour faire régresser les solidarités interhumaines au profit du repli sur soi, cette altération de la pierre angulaire de l'organisation sociale lui fait courir un grave risque, celui de sa disparition pure et simple... La solidarité doit donc être impérativement cultivée comme facteur de survivance et, au-delà, de mobilisation du corps social pour le rendre acteur et le placer dans une dynamique plus puissante que les difficultés à surmonter.

Épilogue

COMMENT ÇA MARCHE ?

Lorsque l'on sait être plus positif que cartésien, encourager, faire preuve d'optimisme, aider chacun à prendre conscience de l'utilité de son activité, autoriser de la liberté d'action, diminuer la pression d'enjeu, développer l'action, considérer, favoriser l'engagement, cultiver la solidarité de l'équipe… on développe chez ses collaborateurs et chez soi de la motivation. C'est-à-dire que l'on va prendre du plaisir à… faire ce que l'on fait !

La motivation constitue une notion centrale. C'est vers elle que doivent tendre tous les efforts de gestion des relations humaines, car elle recèle des trésors insoupçonnés dont la révélation s'éclaire sous la plume de Jacqueline de Romilly. À l'occasion d'une réflexion sur l'entreprise, cette dernière a bien voulu me livrer ce texte : « *L'exemple de la Grèce antique, dans sa simplicité, nous aide souvent à comprendre le présent. C'est ainsi qu'Hérodote au livre V-78 dit tout naturellement que les Athéniens, lorsqu'ils travaillaient pour un maître, ne se donnaient aucune peine et qu'aussitôt libérés, travaillant pour eux-mêmes, ils firent un grand effort et connurent de grands succès. Ceci se traduisit d'ailleurs dans les faits, puisque d'abord la liberté et l'enthousiasme des combattants rendaient compte de succès des Grecs contre un envahisseur bien plus nombreux et que bientôt la démocratie à Athènes coïncida avec un effort extraordinaire dans tous les domaines et en particulier dans le domaine culturel, où apparaissent alors tous les chefs-d'œuvre. »*[1]

Il est intéressant de voir le contraste avec ce qui s'est passé au siècle suivant, où l'on a essayé de retrouver l'ardeur non pas en encourageant l'engagement, mais en critiquant les citoyens. Là encore, le témoignage de Jacqueline de Romilly dans son ouvrage *L'élan démocratique dans l'Athènes ancienne*[2] est édifiant : « *Au siècle suivant, Démosthène s'est efforcé en vain d'animer le zèle de ses concitoyens ; il leur fait quantité de reproches ; et le fait est que, dans la lutte contre Philippe, l'élan démocratique n'entraîne plus la cité.* »

> On voit bien que seule la voie de la motivation est celle de l'excellence. Il en est ainsi dans tous les domaines où les Hommes se livrent à une activité commune dans un but commun.

Au niveau sportif, on a tous en mémoire de grandes équipes fortes de solides moyens financiers, qui ne connaissent pourtant pas les succès espérés. On se souvient en revanche d'équipes sorties parfois victorieuses de compétitions les opposant à des adversaires d'un rang théoriquement bien supérieur, en raison d'un niveau de motivation exceptionnel.

La motivation peut aussi faire des merveilles en termes d'enseignement. N'est-ce pas ce qui a d'ailleurs permis à de nombreux pays de progresser ? On se souvient tous de professeurs qui savent solliciter l'attention et encourager la participation, faisant ainsi naître chez chacun ce désir d'apprendre et de se distinguer, un

---

1. www.stress-info.info/texte_de_jacqueline_de_romilly_356.htm.
2. Éditions de Fallois, 2005.

don irremplaçable. La motivation de ces professeurs est telle qu'elle est capable d'emporter toutes les épreuves pour permettre, à chacun des élèves, d'espérer toutes les conquêtes sur le chemin des savoirs. Dans nombre de situations, la motivation tutoie la vocation !

La motivation ouvre également la voie de la performance dans le domaine économique, à commencer par son cœur vital : l'entreprise. La notion même d'*affectio societatis*, consubstantielle de l'entreprise est, par nature, facteur de performance si elle parvient, au-delà des seuls dirigeants ou associés, à rassembler salariés et dirigeants dans une vision commune et la poursuite d'un même objectif ; l'application des règles de conduite des relations humaines faisant ensuite la différence.

Mais au-delà d'une culture de l'excellence, la motivation présente également un autre avantage indéniable et tout aussi indispensable actuellement, sur le plan sanitaire. La motivation provoque du plaisir, celui éprouvé quand on prend conscience que l'on est un des acteurs d'une réussite collective qui nous dépasse. Or, le plaisir, nous protège notamment des effets toxiques du stress. Une récente étude[1] californienne a montré que le plaisir en rapport avec le simple fait de visionner un film à caractère humoristique diminue la sécrétion d'adrénaline de 70 % et de cortisol de 39 %. En 2006, la même équipe de chercheurs avait démontré que le plaisir lié au fait de s'attendre à une période de rire augmentait les taux de deux hormones bénéfiques à la santé mentale et physique : les endorphines, qui contribuent au bien-être psychologique, et l'hormone de croissance (HGH), qui renforce le système immunitaire. En une phrase, la motivation provoque du plaisir et le plaisir nous protège !

---

1. Lee, S., Berk, L. S., et al., « Cortisol and Catecholamine stress hormone decrease is associated with the behavior of perceptual anticipation of mirthful laughter » ; résultats présentés lors du 121ᵉ Annual Meeting of the American Physiological Society (APS) en 2008.

On a vu que la motivation, en accroissant le zèle, est source de performance, voire d'excellence. On a pu constater que la motivation était intéressante pour la santé, laquelle vient encore améliorer la performance consécutive à la motivation. Allier performance et santé est donc possible ! Voilà un bien bel enjeu notamment pour l'entreprise du XXIe siècle.

LE CHOIX DE L'EXCELLENCE

Les temps difficiles sont propices à la souffrance des Hommes qui, dans la plupart des cas et suivant une réaction naturelle de l'organisme, l'expriment le plus souvent sous forme de stress. Nous constatons également que dans les périodes de difficultés, le recours aux valeurs et aux ressorts humains est extrêmement opportun et constitue une sorte d'antidote puissant, apte à juguler certains effets néfastes. Il n'est donc pas surprenant, dans ces périodes, d'assister à un retour de l'humain ; le signe symptomatique du besoin se traduisant par l'émergence de nombre de cercles de réflexions à l'image du « Cercle de l'Humain », initié par le mensuel économique *L'Expansion*.

La prégnance de la dimension humaine se conçoit donc parfaitement dans ces périodes. Mais, dans notre pays, son utilité fondamentale dépasse très largement les seuls contextes de crise pour devoir s'appliquer dans des circonstances plus ordinaires. En France, l'examen de la relation existant entre ce qu'il est convenu d'appeler la culture et la fonctionnalité doit impérativement attirer notre attention et peut orienter nos choix profonds qui touchent au modèle de société convenant à notre histoire, notre culture et nos aspirations.

La comparaison prosaïque des rapports de la culture et de la fonctionnalité de trois pays, États-Unis, Japon et France, permet aisément de se représenter l'importance de la recherche de la meilleure adéquation possible entre notre façon de fonctionner et notre modèle culturel dominant.

Si nous devions décrire schématiquement les États-Unis, la culture y est moderne, tournée vers la performance, la réussite individuelle, la réaction rapide. Il en résulte que la fonctionnalité – c'est-à-dire le mode de fonctionnement des entreprises et des administrations – est également orienté vers la performance, la réussite individuelle… Dans ce cas de figure, s'agissant des États-Unis, il existe une sorte d'harmonie entre la culture et la fonctionnalité, autrement dit, entre ce que je suis et ce qu'on me propose. Cette adéquation entraîne deux conséquences intéressantes : le taux de mortalité par suicide y est relativement bas et la confiance en l'avenir de la jeunesse est élevée.

Au Japon, la culture est très ancienne et plutôt caractérisée par la nécessité d'échanger avant d'agir, orientée vers la réussite collective, vers le long terme… Quant à la fonctionnalité, elle y a été importée des États-Unis après la Seconde Guerre mondiale et se rapproche, de ce fait, de celle ayant cours dans ce pays. Il en résulte un découplage entre la culture et la fonctionnalité, avec une double conséquence : le taux de mortalité par suicide est l'un des plus élevés de la planète et la confiance en l'avenir de la jeunesse s'avère très faible.

En France, nous avons une culture très ancienne, développant une vision de moyen terme et profondément humaniste, imprégnée des valeurs gréco-latines et judéo-chrétiennes. La fonctionnalité, à l'œuvre dans notre pays, s'est donc construite en s'imprégnant des traits caractéristiques, ciselés avec le temps, de notre culture. Dans les périodes où notre fonctionnalité est en parfaite résonance avec notre culture, nous ne connaissons pas de dysfonctionnement majeur. En revanche, dès que la fonctionnalité s'éloigne de notre culture en se déshumanisant par exemple, par une sorte d'effet mécanique, le taux de mortalité par suicide augmente et la confiance en l'avenir de la jeunesse s'effondre. Actuellement, exposés à des impératifs de compétitivité, nous nous trouvons à la croisée des chemins, prêts à nous fourvoyer dans une voie parfaitement inadaptée à nos ressorts profonds. Si nous poursuivons dans cette orientation, l'état moral de la population risque de se dégrader massivement et durablement.

Cependant, nous ne pouvons nier les exigences de performance inhérentes au fonctionnement de l'économie mondiale ni échapper à certaines incidences nocives de ses règles de fonctionnement. Il nous faut donc rechercher des voies d'amélioration de notre niveau de compétitivité en adéquation avec notre modèle culturel pour préserver notre santé et… notre bien-être.

Dans notre cas, la recherche de performance ne pourra s'effectuer qu'au prix d'une meilleure prise en compte des relations humaines ! Je conçois qu'il s'agit d'un dessein délicat, mais aussi de la plus merveilleuse des aventures. En France, sur le plan des relations humaines, nous n'avons qu'un choix possible, celui de l'excellence !

Index

métier à risque 17
mode de vie 6, 138
moral 36, 138
motivation 79, 99, 141

N

neuromédiateur 36
nouvelles technologies 8

O

optimisme 89, 141

P

passion 139
performance 7, 45, 61, 143, 146
phénomène « vaso-moteur » 27
plaisir 143
positif 69, 141
pouvoir d'agir 107
pratique sportive 42
pression 12
— d'enjeu 111, 141

R

réduction des défenses naturelles
28

réussite scolaire 39
rhumatologie 32

S

santé 14
sens 8
sensibilité 117
solidarité 138, 141
souffrance 108, 144
stress 3
— origine 37
— toxicité 6, 91, 99, 131
succès 70

T

taux d'oxygène 12
température 12
timidité 117
trouble psychique 80

U

ulcère 33
utilité 96

V

vitesse 12